ETIQUETA SUSTENTÁVEL

Elisa Bechuate

ETIQUETA SUSTENTÁVEL

Dados Internacionais de Catalogação na Publicação (CIP)
(Câmara Brasileira do Livro, SP, Brasil)

Bechuate, Elisa

    Etiqueta sustentável / Elisa Bechuate. – 1. ed. – São Paulo : Paulinas, 2014.

    ISBN 978-85-356-3800-4

    1. Economia - Aspectos ambientais 2. Meio ambiente 3. Reciclagem (Resíduos etc.) I. Título.

14-06880   CDD-363.7282

Índice para catálogo sistemático:
1. Educação ambiental : Reciclagem : Problemas sociais   363.7282

1ª edição – 2014
1ª reimpressão – 2017

Direção-geral: Bernadete Boff
Editora responsável: Roseane do Socorro Gomes Barbosa
Copidesque: Ana Cecilia Mari
Coordenação de revisão: Marina Mendonça
Revisão: Patrícia Hehs
Gerente de produção: Felício Calegaro Neto
Projeto gráfico: Manuel Rebelato Miramontes
Imagem da capa: © Ella Sarkisyan

Nenhuma parte desta obra poderá ser reproduzida ou transmitida por qualquer forma e/ou quaisquer meios (eletrônico ou mecânico, incluindo fotocópia e gravação) ou arquivada em qualquer sistema ou banco de dados sem permissão escrita da Editora. Direitos reservados.

Paulinas
Rua Dona Inácia Uchoa, 62
04110-020 – São Paulo – SP (Brasil)
Tel.: (11) 2125-3500
http://www.paulinas.org.br – editora@paulinas.com.br
Telemarketing e SAC: 0800-7010081
© Pia Sociedade Filhas de São Paulo – São Paulo, 2014

Aos que não se cansam de trabalhar por dias melhores
e cultivam a mansidão. "Deus é paciência".

Guimarães Rosa

Sumário

Prefácio 9

Apresentação...13

    Ser elegante é ser sustentável! 14

Etiqueta cotidiana sustentável 19

    Um convite aos cidadãos................................20

    Você sabe o que é sustentabilidade? 22

    Plástico x boas maneiras: ou aprendemos
    a utilizá-lo ou ele acaba nos sufocando!........23

    Novas regras de etiqueta: comportamentos
    sustentáveis que são o *hit* do momento 36

    Curiosidades..42

    Tarefas do lar: uma profissão de futuro 58

Recicle-se 63

    Materiais potencialmente recicláveis.............64

    Moda sustentável: para quem quer estar na moda,
    mas com a consciência tranquila....................72

    Novas regras de etiqueta: a saga continua 79

Você sabia que... 86

Cá entre nós... 101

Nos dias de hoje, ser chique é... 105

Em tempo 111

Bibliografia 117

Sites 118

Prefácio

A Elisinha – assim a chamo há mais de vinte anos – me pediu que fizesse um comentário para este seu novo livro. De início, hesitei a ponto de educadamente declinar-me do convite, por achar – e continuo achando – que há outras pessoas mais capacitadas para falarem de um livro sobre etiqueta. Mas como recusar um pedido de alguém que está sempre se preocupando em melhorar o mundo em que vivemos, escrevendo, orientando e palestrando sobre um tema tão delicado – delicado não na acepção feminina da palavra – como a etiqueta.

Etiqueta, como a Elisinha faz questão de frisar, sem frescura, e é justamente isso que faz com que os seus textos – quem leu o seu primeiro livro sabe bem do que estou falando – se tornem agradáveis e educativos, simples e objetivos, claros e concisos, atrativos e elucidativos, relegando a frescura a segundíssimo plano.

Nos seus livros as soluções parecem ser fáceis – e o são; as pessoas é que as tornam complicadas. Pois, por exemplo, se as pessoas fossem mais educadas e não jogassem papel no chão, esse papel não se juntaria a muitos outros e não entupiriam bueiros, provocariam enchentes... Enfim, um mundo mais "bioagradável" é o que ela deseja ver um dia – e cá entre nós, quem é que não deseja isso? Parece tão simples, não? Mas é algo que ainda está longe de acontecer, e é por isso que ela não se cansa – e nem deve –, empenhando-se cada vez mais, decidida a ver realizado o seu sonho, entretanto, sem perder a ternura.

Como disse anteriormente, conheço a Elisinha há mais de vinte anos e, quando a vi pela primeira vez – ela com os seus 18 anos, e eu com os meus 21 –, ela parecia uma frágil bonequinha de porcelana, que poderia quebrar-se em centenas de pedacinhos se alguém falasse um pouco mais alto, de tão delicada que era... Essa sua delicadeza permanece até hoje, mas a bonequinha de porcelana nunca se quebrou, pelo contrário, quem a conhece sabe da sua firmeza, que, por vezes, soa a teimosa.

No entanto, como disse, ela é muito decidida, e é isso que faz com que se torne uma das pessoas mais capacitadas a tratar do assunto etiqueta. Se perguntarem a ela qual a receita para viver bem em nossa sociedade contemporânea, ela irá responder, sem titubear: "Bom senso!". Só isso? Tudo isso! A fórmula é simples: quem usa de bom senso, tem boas maneiras...

Aprendo muito com a Elisinha e procuro transmitir isso para meus filhos, Pedro, Clarissa e Fernanda... Ah, os meus filhos são também os dela!

Alexandre Azevedo

Apresentação

Ser elegante é ser sustentável!

Prezados leitores, depois de alguns anos de pesquisas sobre comportamento e de aprender que também posso reciclar todos os dias muitas das minhas atitudes pessoais, gostaria de compartilhar com vocês algumas informações com relação a essa nova e ainda pouco conhecida *Etiqueta sustentável*, para que possamos juntos, nós, cidadãos comuns, exercitar a sustentabilidade no nosso dia a dia, mesmo que não se tenha ainda respaldo público para determinadas ações.

Mas não faria justiça a este trabalho se deixasse de citar a sustentabilidade da memória afetiva familiar, sem a qual nenhum de nós consegue ir além de conquistas meramente materiais. Já vai longe o tempo em que o assunto "etiqueta" despertava apenas o interesse de pessoas dadas a futilidades, *glamour* e luxo. Hoje em dia, os indivíduos conscientes entendem que só serão cidadãos quando passarem a exercitar concretamente sua capacidade de preservação, de versatilidade, de fraternidade diante das situações cotidianas, sabendo que o nosso grande desafio é encontrar o *glamour* em atos corriqueiros do cotidiano.

Desde o começo do livro, procuro falar de uma etiqueta puramente casual, sem salamaleques, buscando não perder, contudo, o charme que envolve o assunto. Conforme Guimarães Rosa, uma etiqueta em "linguagem de em dia-de-semana".[1]

O ser humano, que passou a ter a excelência de seu comportamento avaliada pela maneira que lida com o lixo doméstico, por exemplo, está agora potencialmente preparado para entender que um comportamento sustentável adequado vai muito além da simples e cômoda atitude de jogar lixo no lugar certo ou plantar uma árvore!

Costumo, sempre que falo de sustentabilidade, citar cinco obras literárias que li em épocas diferentes da vida e que considero fundamentais para a formação da autocrítica e conscientização socioambiental. São obras de conteúdo contundente, cujas sugestões sempre faço a todos que buscam estabelecer, consigo mesmos e com seus pares, um relacionamento de harmonia e união diante das dificuldades desses nossos tempos: ora de infinitos progressos, ora de tristes devastações. São elas: *O Quinze* (Rachel de Queiroz);

---

[1] ROSA, Guimarães. Famigerado. In: ROSA, Guimarães. *Primeiras estórias*. 49ª impressão. Rio de Janeiro: Nova Fronteira, 2001, p. 60.

Vidas Secas (Graciliano Ramos); *Não verás país nenhum* (Ignácio de Loyola Brandão); *Homens de papel* (Plínio Marcos) e *Ensaio sobre a cegueira* (José Saramago).

Neste momento, vivemos um período de transição comportamental, e a mudança de alguns de nossos hábitos faz-se inevitável, eu diria mesmo urgente, para que, unidos, consigamos livrar o nosso planeta do olho do furacão em que se encontra. Mas a mudança desses hábitos não se poderá realizar de forma brusca, radical (já que nada é mais desanimador em uma empreitada do que a pressão), e sim de maneira suave, mas firme e constante, com o apadrinhamento do bom senso, que é o ingrediente indispensável a toda e qualquer boa transformação humana pautada no aprimoramento cultural.

Não é possível dissimularmos mais nossas responsabilidades socioambientais. Temos hoje tantos recursos interativos e midiáticos para fomentar discussões e ações com respeito a esse assunto, que só mesmo se formos muito preguiçosos ou negligentes é que deixaremos de interagir cotidianamente de maneira consciente e bem informada.

Depois de uma pesquisa de aproximadamente quatro anos e da gentil sugestão de meus alunos, decidi organizar estas informações sobre a sustentabilidade, com a sincera intenção de colaborar na luta por melhores dias. Convidando a todos para ações pessoais, familiares e de grupos sociais variados, espero conseguir parceiros para esse empreendimento do qual não podemos mais fugir. Espero principalmente que, compartilhando ideias e propostas de um novo comportamento e mudança de hábitos, possa acender ou reacender em cada leitor a vontade de rever e criar atitudes sustentáveis condizentes com as nossas realidades.

É certo que mudar determinados hábitos já consolidados em cada um de nós e em nossas sociedades não será tarefa fácil e, até que tenhamos espalhado por todo o planeta um número significativo de indivíduos que se tenham tornado cidadãos sustentáveis, vai levar algum tempo.

Mas que tal começarmos a fazer isso já, agora? Conto com vocês como aliados, parceiros, irmãos para esse empreendimento humano, sem fronteiras, sem limites, em busca das modernas tendências das "boas maneiras" verdadeiramente voltadas ao bem comum. O objetivo é ter um mundo reciclado, aprimorado, com pessoas dispostas a recomeçar cada dia com a consciência plena do dever cumprido, deixando para as gerações vindouras um planeta íntegro, com condições e recursos para a renovação, a reinvenção e o renascimento.

Vamos juntos? De mãos dadas, como nos diria Drummond?!

A Autora

Etiqueta cotidiana sustentável

Um convite aos cidadãos

> Se quer um ano de prosperidade, plante milho.
> Se quer dez anos de prosperidade, plante árvores.
> Se quer cem anos de prosperidade, eduque as pessoas.
> (*Provérbio chinês*)

Este livro traz um apelo ecológico, ambiental, um pedido de socorro, uma súplica à responsabilidade comportamental e social, um convite a todas as pessoas, mas, sobretudo, aos cidadãos comuns que não podem esperar apenas por iniciativas sustentáveis de organizações públicas, que muitas vezes colocam outras prioridades à frente de ações sustentáveis. Enquanto ficamos à espera de que surjam leis, pesquisas e iniciativas públicas, nós, pessoas comuns, temos que procurar interagir de maneira efetiva e imediata, formando uma corrente cada vez mais forte: todos por um comportamento sustentável cotidiano!

Sabe do que estou falando? Talvez você tenha ouvido falar, mas não tenha dado a devida atenção, ou possivelmente até já participe na escola, no bairro ou na cidade de algum projeto voltado ao tratamento afetuoso para com o nosso planeta. Parece sensacionalismo? Não acredito nisso, mas, de qualquer forma, prefiro pensar no exemplo que a doutora Zilda Arns,[1] da Pastoral da Criança, sempre representou para mim. Ela passou por muitas dificuldades, mas obteve êxito com seus projetos da multimistura e do soro caseiro, conseguindo que o índice de mortalidade infantil no Brasil diminuísse consideravelmente em dezoito anos de atuação direta da pastoral criada por ela.

Em geral, as pessoas que nos fazem críticas destrutivas acabam calando-se diante de resultados positivos e até se aliando às iniciativas. O fato é que, a esta altura dos acontecimentos, o que realmente importa é conseguirmos voltar nossos olhos para problemas ambientais e sociais nos quais podemos interferir imediatamente. E sem mais as conhecidas desculpas: "Estou esperando que as leis aconteçam", ou "Desanimei quando vi que lutava sozinho".

Se estivermos mais bem informados, veremos que é possível sim colaborar, conclamando nossos familiares, amigos, colegas de trabalho, associações de bairro, repassando informações e trocando ideias que se transformarão

---

[1] Zilda Arns (1934-2010) – médica catarinense que espalhou pelo Brasil, América Latina e África um plano simples para salvar milhares de bebês e crianças. Morreu em um terremoto no Haiti, em janeiro de 2010, quando visitava o país a fim de divulgar suas ideias.

em ações sustentáveis possíveis. Mas enquanto esperamos, insisto, pelas iniciativas empresariais e do poder público, não podemos deixar de fiscalizar as negligências e descasos que, infelizmente, surgem a todo momento.

Você sabe o que é sustentabilidade?

Conforme definição da Wikipédia, sustentabilidade é a habilidade, no sentido de capacidade, de sustentar uma ou mais condições, exibidas por algo ou alguém.

O princípio da sustentabilidade abrange desde um pequeno empreendimento até o planeta inteiro. E para que um empreendimento humano seja considerado sustentável, é preciso que seja:

- ecologicamente correto;
- economicamente viável;
- socialmente justo;
- culturalmente aceito.

A palavra sustentável provém do latim *sustentare* (sustentar, defender, apoiar, favorecer, conservar, cuidar). Segundo o relatório de Brundtland (1987) ou Nosso Futuro

Comum,[2] sustentabilidade consiste em "suprir as necessidades da geração presente sem afetar a possibilidade de as gerações futuras suprirem as suas, buscando o desenvolvimento com a preocupação constante de se conservar os ecossistemas e a biodiversidade".

Plástico x boas maneiras: ou aprendemos a utilizá-lo ou ele acaba nos sufocando!

A invenção do plástico (embalagens, sacos plásticos e outros produtos desta origem) representa, sem dúvida, uma das maiores conquistas do ser humano, facilitando a vida moderna e oferecendo variados recursos, desde o início do século XX. Muito se tem falado das vantagens e desvantagens do plástico, já que seu uso é um dos mais questionáveis dos últimos tempos. Um bom exemplo desse dilema são os benefícios advindos com a invenção das fraldas descartáveis, somado ao fato de que certamente as mães não abririam mão de utilizá-las, em confronto com

---

[2] Relatório de Brundtland ou Nosso Futuro Comum é um documento sobre o desenvolvimento sustentável, elaborado pela Comissão Mundial sobre Meio Ambiente e Desenvolvimento.

os ambientalistas mais ferrenhos, que propõem a volta das fraldas de pano. Oxalá a ciência não pare de pesquisar materiais menos agressivos ao meio ambiente, e que também leve em conta o material usado nas milagrosas fraldas descartáveis, esse "sagrado" recurso materno.

Se pensássemos, ainda, nos produtos congelados, por exemplo, muitos de nós haveríamos de erguer as mãos para o céu em agradecimento por todas as facilidades e economia de tempo obtidas sempre que consumimos tais produtos. A verdade é que devemos adquirir o mínimo possível de alimentos com embalagens para, consequentemente, produzir menos lixo e fazer mais economia, já que o custo final, em diversos aspectos, de um produto embalado e mantido sob baixa refrigeração é muito maior.

A praticidade à qual recorremos por conta do binômio excesso de trabalho e escassez de tempo não nos pode deixar acomodados a ponto de abandonarmos por completo as nossas preocupações com o meio ambiente. O bom senso aqui está em encontrarmos o equilíbrio entre praticidade e responsabilidade ambiental. Pois bem, não precisaríamos abrir mão de todo o conforto e das conquistas que tantas facilidades têm trazido ao nosso cotidiano; pelo contrário, poderíamos ter uma diversidade de outros meios e ficar com a consciência tranquila por cumprir a nossa parte, enquanto os pesquisadores seguem fazendo descobertas facilitadoras e o menos poluentes possível.

Você já se interessou pelas informações sobre os materiais que compõem algumas das famosas sacolas de compras? As tais sacolas, que tanto têm tirado o sono de ambientalistas do mundo inteiro, foram inseridas no comércio na década de 1980. Além das sacolas de plástico comum, existem as sacolas de material oxibiodegradável. A seguir, um exemplo da informação impressa:

> Oxibiodegradável – esta sacola é menos prejudicial ao meio ambiente, pois é oxibiodegradável e leva cerca de dezoito meses para se decompor.[3]

---

[3] Melhor falarmos em fragmentação, pois é o que acontece: o material é fragmentado e não decomposto. O plástico recebe um aditivo para acelerar seu processo de degradação, mas não se decompõe em até seis meses. Não atende às normas técnicas nacionais e internacionais sobre biodegradação. Portanto, não é biodegradável. Este plástico, o oxibiodegradável, apenas se divide em milhares de pedacinhos. No fim do processo não desaparece, e sim vira um pó que poderá parar em rios, lagos e mares. Isso significa que poderemos beber involuntariamente plástico oxibiodegradável misturado à água! E mais: os fragmentos podem ser ingeridos por animais de criações nas fazendas, causando sérios danos econômicos e ambientais, além dos danos à saúde de quem consumir alimentos eventualmente contaminados. Fonte: Plastivida. Disponível em: <www.plastivida.org.br>.

Acomoda adequadamente suas compras e tem a mesma resistência do plástico normal.

Conforme o pesquisador e ex-superintendente do meio ambiente do Paraná, Cícero Bley Júnior, nem a Inglaterra nem o Canadá, países que inventaram o aditivo oxibiodegradável, adotaram a tecnologia. "Por que", pergunta ele, "o Brasil empregaria essa técnica?"[4]

Por outro lado, existem os que defendem a ideia de que, enquanto uma sacola comum demora centenas de anos para desaparecer em um aterro sanitário, a oxibiodegradável leva apenas dezoito meses e, por isso, ela apresentaria a significativa vantagem de não ficar por aí, entupindo bueiros, causando posteriormente enchentes e danos urbanos. É claro que não é uma solução perfeita, pois os materiais que formam este tipo de plástico, já está comprovado, não desaparecem como num passe de mágica, apenas se fragmentam em menor tempo.

Existe, ainda, uma corrente de estudiosos nesse assunto que diz que o efeito poluente oriundo do esfacelamento do plástico oxibiodegradável viria da tinta das impressões nas

---

[4] Fonte: Recycle Life. Disponível em: <www.recyclelife.com>.

sacolas e que, se as sacolas fossem fabricadas sem impressões (o que provavelmente não interessaria aos comerciantes, pois esses perderiam a oportunidade de fazer propaganda de seu comércio), ou com uma considerável redução de impressões, elas estariam praticamente livres do risco de causarem danos ao ambiente. É realmente "uma faca de dois gumes", já que a intenção primeira de se oferecer esse tipo de sacola seria bastante interessante, se não fosse o risco que se corre de acontecer uma eventual contaminação do solo, da água e dos seres vivos.

Seria muito melhor que todos nós tivéssemos o hábito de usar somente as sacolas reutilizáveis e pudéssemos recusar as sacolas de plástico para acondicionar as nossas compras. Mas de um país como o Brasil, que conhecemos bem, ainda não se pode esperar que grande parte dos consumidores perca, da noite para o dia, o costume de usar sacolas plásticas, não só para as compras, mas também para colocar lixo.

Também não podemos achar que uma pessoa que entra em um supermercado, por exemplo, com o dinheiro contado para as compras, vá abrir mão de algum produto para comprar sacos plásticos específicos para o lixo, que, além de tudo, geralmente não costumam ter um preço muito convidativo (outro aspecto desanimador é o forte cheiro dos sacos de lixo de pouca qualidade que, quando em contato com o lixo orgânico, eliminam odores insuportáveis). O que é uma pena, já que o impacto ambiental dos sacos de lixo grossos, pretos ou azuis, é menor, pois são parcialmente produzidos com material reciclável e, por serem mais grossos, podem ser higienizados com maior facilidade e voltar ao processo de reciclagem por algumas vezes mais.

O lixo doméstico, de qualquer forma, continuará precisando ser acondicionado para ser feito o descarte. Quem sabe se o comércio, de maneira geral, pudesse oferecer sacolas menos poluentes (ainda que cobrasse dos clientes um valor razoável por sacola), resolveríamos dois problemas ao mesmo tempo: teríamos sacolas para carregar as compras que, depois de usadas para tal fim, seriam reutilizadas como sacos plásticos para o lixo (que teriam o devido selo de controle de qualidade e preocupação ambiental garantidos pelo fabricante), com a vantagem de serem fatores de contribuição aos processos de sustentabilidade.

O que normalmente acontece também é a dificuldade que ainda existe no Brasil no que concerne à reciclagem das sacolas plásticas comuns; o que não ocorre, por exemplo, na

Europa, já que lá é feita a reciclagem energética: com um quilo de plástico se produz um quilo de óleo diesel, que é petróleo; e ninguém joga fora óleo diesel. Portanto, torna-se urgente o investimento em pesquisas, tanto por parte do setor público quanto do privado, até que se chegue a um produto menos nocivo ao planeta e que possa ser utilizado por todos.

Enquanto isso, a atitude mais recomendável é a de se evitar ao máximo levar as sacolas plásticas para casa. E, principalmente, esquivar-se de usar essas sacolas para acondicionar e, posteriormente, descartar qualquer tipo de lixo que não seja o seco ou aquele que poderá ser reciclado. Do contrário, é muito provável que essas sacolas não cheguem a uma estação de reciclagem e, infelizmente, acabem indo para lixões, aterros sanitários ou incineradores, sendo mais um fator agravante de poluição.

A partir do momento em que se é informado dos riscos do uso indiscriminado de plásticos poluentes e não são tomadas providências para amenizar seus efeitos maléficos, incorre-se no grave erro da irresponsabilidade sustentável. Existem ainda as sacolas (citadas anteriormente) de material biodegradável,[5] que são feitas à base de vegetais, como batata, mandioca ou milho, e podem ser descartadas com o lixo orgânico. Essas sacolas, certamente, seriam ideais.

Infelizmente, os benefícios ambientais reais, assim como eventuais desvantagens da substituição do plástico comum pelo bioplástico, ainda não estão totalmente claros no que diz respeito a esse assunto. A produção do plástico a partir do amido de milho, por exemplo, é bastante questionável, pois envolve cultivo de milho, colheita, moagem úmida e fermentação. Esse processo de produção só compensaria, do ponto de vista ambiental, se fosse realizado apenas com a utilização de energias renováveis.

Veja, a seguir, exemplos de fontes de energia renováveis e não renováveis.

---

[5] De acordo com o *Dicionário Brasileiro de Ciências Ambientais*, o material biodegradável é decomposto pela ação de organismos vivos. O uso do termo geralmente pressupõe que os resíduos da decomposição não são tóxicos e nem sofrerão bioacumulação. A maior parte do lixo de origem orgânica (papéis, tecidos de algodão, couro, madeira etc.) é biodegradável, já os plásticos atuais não o são. LIMA E SILVA, Pedro Paulo de; GUERRA, Antônio José Teixeira; MOUSINHO, Patrícia (org.). *Dicionário Brasileiro de Ciências Ambientais*. Rio de Janeiro: Thex Editora, 1999.

Fontes de energia renováveis:

- sol: energia solar
- vento: energia eólica
- rios e correntes de água doce: energia hidráulica
- mares e oceanos: energia maremotriz
- ondas: energia das ondas
- matéria orgânica: biomassa, biocombustível
- calor da terra: energia geotérmica
- água salobra: energia azul

Fontes de energia não renováveis:

- carvão mineral
- gás natural
- petróleo
- energia nuclear

Enquanto esperamos por soluções para tantos problemas ambientais, precisamos lidar com alternativas concretas e menos dissimuladas. Lembrando que não basta apenas proibir a distribuição de sacolas plásticas. A população precisa ter mais informações sobre esse e outros assuntos ambientais, pois, para que colabore com a preservação dos recursos, é necessário que seja reeducada. Ninguém se integrará a um projeto cujo teor desconhece.

Existem ainda as sacolas de papel *craft* grosso, cuja degradação, que leva de dois a cinco anos, não gera substâncias tóxicas e que são 100% recicláveis, mas, por causa do alto custo, poucas lojas as distribuem. E aqui, temos de levar em conta também a necessidade de um processo de produção apenas com o uso de energias renováveis para que haja a compensação ambiental.

A campanha de incentivo ao uso de sacolas reutilizáveis ou *ecobags* (têm uma longa vida útil e podem ser de lona, algodão, plástico grosso, fibras vegetais ou plástico reciclado) é, sem dúvida, no momento, a ação mais acertada e menos arriscada. Entretanto, até que a população adquira realmente esse hábito, os estabelecimentos comerciais bem que poderiam nos oferecer materiais menos poluentes (ainda que essa ação seja um pouco mais dispendiosa financeiramente), tendo em vista que uma ação deverá complementar outra. E, certamente, comerciantes que ainda não se preocupam com a sustentabilidade de sua clientela, quando fizerem uma revisão de conceitos, compreenderão que a responsabilidade empresarial e ambiental poderá ser sua maior propaganda. Além do que, muitas medidas que podem representar um ganho ambiental secundário proporcionam uma economia financeira crucial para a empresa.

Antes de prosseguir, proponho pararmos para observar e refletir sobre dois dados alarmantes:

- o número de sacolas plásticas usadas a cada ano em todo o mundo supera os 500 bilhões. Só nos EUA são 100 bilhões;
- é de apenas 1% o percentual de sacolas recicladas, ou seja um número aterrorizante.

Portanto, mantenha-se sempre informado! Leia atentamente o que vem escrito nas sacolas de compras. Uma sacola de plástico comum pode trazer a informação de que é reciclável, mas, se estiver cheia de lixo orgânico ou úmido e for parar no aterro sanitário, a reciclagem não acontece.

Então, a partir de agora que estamos mais bem informados, nada de reaproveitar a sacola plástica comum para colocar lixo orgânico doméstico. Vejamos algumas iniciativas sustentáveis interessantes:

- A Irlanda, em 2002, passou a cobrar uma taxa sobre os sacos de compras na tentativa de diminuir a quantidade de lixo recolhido.

- São Francisco, na Califórnia, proibiu quase todos os tipos de sacolas plásticas em supermercados e farmácias.

- Algumas redes de supermercados no Reino Unido e nos EUA passaram a cobrar uma taxa por saco plástico.

- Em alguns países existem leis que obrigam o munícipe a separar previamente os materiais recicláveis do lixo, e quem as desobedecem é severamente punido com pesadas multas. Sabe-se que, infelizmente, muitos só cedem quando têm algum prejuízo financeiro. Sem medidas concretas, em nenhum país do mundo, a coleta seletiva funciona.

Há, ainda, em muitos lugares um outro problema: por falta de interesse pelos produtos reciclados, a grande maioria dos resíduos, após a separação, acaba indo para incineradores. Quanta poluição!

Muitas das iniciativas de outros países que já tiveram eficácia comprovada poderiam ser imitadas. Entretanto, não é isso o que acontece. Sabemos que notícias sobre outros países e continentes podem até nos servir como informação ou curiosidade, mas nem sempre o que funciona lá fora pode dar certo aqui. Conforme Adriana Charux, do IDEC[6] (Instituto de Defesa do Consumidor): "Proibir apenas (o uso de determinados materiais) não resolve, é preciso haver ações combinadas, envolvendo educação ambiental, comunicação, ampliação da coleta seletiva, por exemplo".

Assim, através de uma autocrítica nacional, poderemos decidir sobre a viabilidade de propostas que sejam mais adequadas às nossas necessidades. A seguir, são ilustrados três exemplos de iniciativa nacional:

- A Câmara Municipal de Porto Alegre aprovou, em abril de 2010, uma lei que determina a impressão de conteúdo educativo sobre o manejo de lixo nas sacolas plásticas fornecidas pelos estabelecimentos comerciais do município, tendo em vista a separação de resíduos domésticos: orientações na cor verde identificarão as sacolas que se destinam ao lixo seco, e as de cor laranja identificam sacolas para coleta de lixo orgânico.[7]

---

[6] <www.idec.org.br>.

[7] Fonte: *Revista Sustentabilidade*. Disponível em: <www.revistasustentabilidade.com.br>.

- Em Belo Horizonte, foi proibida a distribuição de sacolas plásticas no comércio. Passou-se a oferecer aos clientes as sacolas reutilizáveis por valores variados, ou as biodegradáveis pelo valor de 19 centavos a unidade.[8]

- A equipe do JN no Ar[9] mostrou que, na cidade de Itu (SP), de cada dez casas, nove separam o lixo. Que exemplar participação voluntária dos moradores!

Novas regras de etiqueta: comportamentos sustentáveis que são o *hit* do momento

Tenho para mim, com verdadeiro afã de colaborar para que haja mudanças, que a nossa união, e só ela, nos levará a transformações reais.

A *educação socioambiental*, independentemente da maneira como é apresentada nas diversas culturas, tornou-se uma preocupação de âmbito universal. Resgatar a natureza da situação em que se encontra é, sem dúvida, um dos maiores desafios de todos os tempos. E não deve ser

---

[8] Jornal Nacional/TV Globo – 19 abr. 2011.

[9] TV Globo – 13 abr. 2012.

trabalho apenas de alguns, mas de todos nós. Para conhecermos o jogo da natureza, devemos observar os seres que dela fazem parte e imitá-los. Podemos aprender muito sobre cooperação com as formigas, os golfinhos, as tartarugas, os peixes e tantas outras sociedades, que nos deixam envergonhados diante de nossas irresponsabilidades, negligências e omissões.

Algumas regras de comportamento disseminadas por tanto tempo agora devem ser revistas, atualizadas, adequadas ao mundo de hoje. Atualmente, em tudo o que fizermos, devemos evitar o desperdício, que é tão ofensivo ao mundo da responsabilidade comportamental. E isso não diz respeito apenas ao consumo de novos bens, mas também dos que já existem.

A seguir, alguns exemplos de comportamentos conscientes, atuais e de bom senso:

- Em casa ou mesmo num restaurante, procurar colocar no prato apenas o que vai ser consumido. É melhor servir porções menores e repetir, se for o caso.

- Num restaurante não há mal nenhum (muito pelo contrário) em pedir ao garçom que embale para viagem o que não foi consumido. Alguns restaurantes costumam cobrar por esta embalagem, mas geralmente é um valor irrisório. Ainda assim, é bem mais gentil que o próprio garçom pergunte ao cliente se há interesse em levar o que restou da refeição (deixemos claro: o que restou significa aquilo que não foi servido). O importante é cuidar para que este alimento não vá parar no lixo, mas que seja consumido, evitando desperdício.

- A quantidade de alimentos que vai para o lixo todos os dias é impressionante: pesquisas recentes revelam que metade dos alimentos produzidos anualmente no mundo é desperdiçada. Outra informação interessante, dessa mesma pesquisa, diz respeito ao incentivo ao desperdício através de constantes promoções do tipo "compre 1 e leve 2", pois, muitas vezes, os consumidores levam produtos dos quais não necessitam realmente ou que não conseguirão consumir antes da data de validade, empolgados com a propaganda atraente.

- Vale a pena também pesquisar receitas saborosas que reaproveitem o que sobra dos cardápios diários. A culinária sustentável está bem avançada, o que deve deixar-nos muito orgulhosos da grande criatividade de muitos profissionais brasileiros especialistas em nutrição e culinária saudável. Uma dica bem interessante é preparar um bom arroz carreteiro com o que restou do churrasco. Se duvidar, é possível fazer até uma outra festa seguindo essa ideia!

• Sem dúvida, os tempos atuais propiciam o uso da criatividade... Sabia que até mesmo o vinho que sobra pode ser congelado em fôrmas de gelo e reaproveitado na cozinha? E ainda mais, os pães que não são consumidos em um dia podem ser servidos como torradinhas no dia seguinte.

• Com relação a refeições, só que agora falando de rações para animais, devemos evitar comprar pacotes de ração pequenos. Prefira os grandes ou ração a granel, economizando assim dinheiro e embalagens a serem descartadas.

• Em casa, não é necessário acionar a descarga todas as vezes que usamos o vaso sanitário, pelo bem da economia de água (e não se esqueça de abaixar a tampa do vaso, antes de acionar a descarga, e mantê-la fechada). Se observarmos mais atentamente, perceberemos que muitas vezes é possível esperar e aproveitar a descarga, mas somente para o xixi, é claro! Para outros usos fica valendo a regra antiga: usou? Feche a tampa e aperte a descarga! Sabia que existem banheiros públicos que trazem essa nova recomendação aos usuários por escrito? Para saber se é o momento de acionar a descarga, basta usar o bom senso: repare na coloração da água do vaso. Quanto ao odor, é válido saber que a urina de mulheres e crianças suporta mais tempo sem a necessidade de descarga.

Confesso que falar sobre esse assunto ainda é muito complicado para mim, pois contraria também os meus princípios básicos de boa educação e causa com frequência a reação e dúvida de muitos dos meus interlocutores. Mas seria bom que começássemos a entender que este é só o início de uma forte tendência de comportamento para dias futuros.

- E já que estamos falando desse assunto, que tal aproveitar para prestar atenção na quantidade de papel higiênico usado por sua família? Pode ser que não esteja havendo uma economia sustentável desse artigo em sua casa. Às vezes, vale a pena fazer o papel de pai e mãe chatos. Quando nossos filhos tiverem suas próprias casas, entenderão exatamente que essa atitude representa uma evolução econômica do pensamento familiar!

- Outra questão importante é diminuir o número de veículos que circulam na cidade. E a melhor maneira de um carro poluir menos é fazer com que ele consuma menos. Assim, há menos congestionamento, menos poluição, mais economia: o rodízio de veículos, caronas bem programadas e organizadas ou o uso de coletivos, hoje em dia, é o máximo das boas maneiras sustentáveis! O nosso bolso também agradece.

Mas, para que tudo isso funcione bem, é preciso o cuidado de não abusar da gentileza alheia. Dessa forma, se estiver na posição de "caronista", lembre-se:

> Cumprimente as pessoas que já estão no carro e não se esqueça sempre de agradecer ao desembarcar. Não abuse da boa vontade das pessoas. Não bata as portas sem cuidado. Outra coisa, segure a sua curiosidade: não abra o porta-luvas. Não ligue voluntariamente o som do carro, tampouco o ar-condicionado, mesmo que tenha certa intimidade com o motorista. Outra questão, se você ainda possui o péssimo vício de fumar, lembre-se de que é proibido em lugares fechados. Então, segure a vontade até

descer do carro, certo? Sendo o motorista ou o caronista da vez: seja pontual, ainda que vocês dividam as despesas do veículo.[10]

Curiosidades

Existe uma campanha (S.O.S. Mata Atlântica) para que todos façam xixi no banho. Assim, cada um de nós pode economizar, no mínimo, 6 litros de água potável da descarga por dia e 2.190 litros por ano. E não é brincadeira, não! É para levarmos a sério mesmo. Só é bom ter cuidado para fazer isso antes do banho[11] para que a água do chuveiro leve o xixi para o ralo. Não deixe também que o xixi entre em contato com a pele, pois pode provocar irritações. A economia de papel higiênico é também bem-vinda!

Algumas mulheres costumam abrir a torneira de banheiros públicos enquanto fazem xixi para assim disfarçar o barulho constrangedor que pode ser ouvido do lado de fora. Por isso, foi até criado um aplicativo no celular que

---

[10] AZEVEDO, Elisa Bechuate. *Etiqueta cotidiana*. Ribeirão Preto: Memorial Alexandre Azevedo, 2008. p. 30.

[11] <www.xixinobanho.org.br>.

imita o som de água na torneira para disfarçar o barulho do xixi. Cúmulo do absurdo sustentável?! Se a criatividade sem limites tiver como fim colaborar... Está valendo! Se com esse aplicativo evita-se o desperdício de água, talvez não seja algo tão absurdo assim, não é?

E já que estamos discutindo o assunto, uma boa dica para higiene íntima é o uso de lenços umedecidos (aqueles utilizados em bebês). Eventualmente, podem ser uma ótima opção. Para isso, deixe-os à disposição no banheiro de casa ou leve-os na bolsa ou mochila. Alguns detalhes no dia a dia podem nos garantir um grande bem-estar.

Ao comprarmos uma nova bateria para o carro, devemos deixar a velha na revenda autorizada, certificando-nos de que será encaminhada ao fabricante, já que é possível reciclar 95% de seus componentes, incluindo, principalmente, o chumbo-ácido. Pois, se as matérias-primas das baterias são decompostas e ingeridas por vermes e minhocas, elas atingem o lençol freático e entram na cadeia alimentar através das plantas. E se o ser humano, que é o último componente desse ciclo, consumir as substâncias absorvidas ao longo do processo, pode vir a ter problemas no sistema nervoso, enfraquecimento dos ossos, anemia, entre outros.

No sul da Califórnia, motoristas já podem alugar um carro movido à célula de combustível de hidrogênio, abastecendo em postos já preparados para isso.

No Brasil, cria-se em cativeiro um peixe chamado *tilápia*, que é uma boa opção de consumo, por poluir menos e não competir com o espaço de espécies nativas.

Veja, a seguir, duas notícias de violência urbana relacionada à sustentabilidade: a primeira é de 7 de outubro de 1912, na coluna "Há um Século":[12]

> Na Lapa, Maria Hungari, de 47 anos, questionou ontem à tarde com uma inquilina por que esta desperdiçava muita água, deixando aberta a torneira do tanque. A inquilina, que se julgava com o direito de gastar a quantidade de água que entendesse, por pagar regularmente o aluguel do aposento que ocupa, revoltou-se contra Maria Hungari, arremessando-lhe um tijolo que a atingiu no rosto e na testa, ferindo-a.

E esta outra, dada pelo Jornal Nacional:[13] "Um dono de restaurante foi morto por cobrar de um cliente o valor

---

[12] *O Estado de S.Paulo*, Caderno Cidades, São Paulo, p. 2, 7 out. 2012.

[13] TV Globo, 16 jan. 2013.

correspondente à taxa de desperdício, ao deixar sobras no prato". E esse crime bárbaro aconteceu recentemente!

Existe uma ONG (organização não governamental), o Instituto Akatu,[14] que trabalha pela conscientização e mobilização da sociedade para o consumo consciente, mostrando que o consumidor tem no ato da compra seu instrumento de construção da sustentabilidade da vida do planeta.

E por falar nisso, aqui vão mais algumas sugestões e dicas de economia sustentável, para evitar o fantasma da destruição do nosso planeta:

- Não demore debaixo do chuveiro. Economize água e energia tomando um banho rápido. Em média, seis minutos de chuveiro elétrico ligado correspondem a um gasto de energia suficiente para manter uma lâmpada acesa por sete horas!

E olha que, se ficarmos bem treinados, teremos tempo até para, de quebra, lavar as calcinhas ou cuecas, o que, aliás, é muito chique, pois não se deixa para ninguém um serviço que deve ser pessoal e intransferível. Só não devemos esquecer que as roupas íntimas, assim como as toalhas

---

[14] <www.akatu.org.br>.

de banho úmidas, devem sempre ser estendidas para secar em um lugar apropriado e ventilado, nunca dependuradas no box do banheiro, ou pior, embandeirando janelas empoeiradas. Por incrível que pareça, ainda é uma situação que se vê de vez em quando.

Já existem, inclusive, chuveiros elétricos com um dispositivo que limita o tempo do banho em dez minutos, desligando-se, dessa forma, automaticamente e podendo atingir-se uma redução de consumo de 35 a 50%. Leia esta interessante reportagem, retirada do site do Jornal Hoje:[15]

> Cinco minutos. É o tempo recomendado pela empresa de abastecimento de água de São Paulo para evitar desperdício. Um banho de ducha de 15 minutos consome 243 litros de água. Essa quantidade é mais que o dobro do que a pessoa deveria consumir para todas as atividades do dia, segundo a Organização Mundial da Saúde. Para economizar água e luz, chuveiros convencionais estão sendo substituídos por modelos econômicos em comunidades de São Paulo. Em um deles, a água quente que sai do chuveiro cai num tapete de borracha. Debaixo tem um cano em forma de espiral que fica aquecido por causa do calor da água que caiu. Por essa mesma tubulação passa a água fria que vem da rua. Preaquecida, a água chega morninha

---

[15] <g1.globo.com/jornal-hoje/>.

ao chuveiro. A redução no consumo de energia pode ser ainda maior se o morador autorizar a instalação de outro modelo de chuveiro que já vem com uma plaquinha embutida. O dispositivo regula o tempo do banho. Depois de 10 minutos, o chuveiro desliga sozinho e só sai água fria. Só depois de 3 minutos é que a energia volta a circular e a água fica quente. Quem ainda não tem o chuveiro econômico também pode economizar. Segundo a empresa de abastecimento de água de São Paulo, se fechar a torneira enquanto a pessoa está se ensaboando, o consumo de água cai para um terço.

- Na hora de construir ou reformar pesquise, informe-se e opte por uma "construção limpa" ou pela maior quantidade possível de materiais ecologicamente corretos, como painéis de energia solar e descarga de vaso sanitário do tipo caixa (as tradicionais são responsáveis por 40% em média do total de água consumida em uma casa. Já encontramos no mercado caixas ou válvulas de parede com dois modos de descarga: uma de três litros, para líquidos; e outra de seis, para sólidos). Podemos também optar, inclusive para residências, por torneiras temporizadas economizadoras para as pias de banheiros e lavabos. Existem também os tanques para armazenar água da chuva, inspirados em modelos criados na Austrália e que podem ser instalados com facilidade e em pequenos espaços. Até mesmo a água eliminada por aparelhos de ar-condicionado pode ser aproveitada para descarga de vasos sanitários ou limpeza. Mas é preciso ter muito cuidado para armazenar devidamente a água e evitar os famigerados mosquitos da dengue.

E por falar nesse gravíssimo problema, você sabia que mesmo não deixando água acumulada em recipientes destampados, se não o lavarmos adequadamente e acontecer de eventualmente os ovos (que são extremamente resistentes) do mosquito permanecerem ressecados no fundo do recipiente, assim que entrarem em contato novamente com a água da chuva, por exemplo, eles podem se transformar em larvas com uma rapidez impressionante? Então, não basta jogar fora a água acumulada, tem-se de tomar todo o cuidado também com a limpeza do recipiente.

Voltando à questão da "construção limpa", existem ainda telhas de fibra de celulose, forros de teto feitos de garrafas de plástico e tijolos feitos com lixo orgânico, de surpreendente resistência. Há a madeira plástica (que já é uma febre nos EUA há vinte anos), que agora é comercializada também no Brasil.

Já existe também elevador com programação prévia: para chamá-lo, o usuário registra o andar em um equipamento do lado de fora e o elevador que estiver mais perto é acionado, não tendo em seu interior botões, para assim poupar energia (esse modelo tem sido cada vez mais comum nos novos prédios). Aproveite para subir e descer escadas sempre que puder, deixando os elevadores de lado. Além de economizar energia, você estará fazendo uma ótima atividade física.

- Evite usar água aquecida na máquina de lavar roupas. E também aproveite a água despejada da máquina para lavar o quintal, banheiros e cozinha, principalmente se estiver com sabão. Recomenda-se o uso de baldes para os trabalhos domésticos, mantendo as torneiras por mais tempo fechadas.

- Procure não deixar aparelhos elétricos em *stand-by*. Assim, tire-os da tomada, sempre que for possível. É também totalmente desnecessário deixar o aparelho de celular carregando a noite toda.

- Verifique se não há vazamentos de canos, torneiras e descargas em sua casa. Esses problemas, além de elevarem em muito a sua conta, representam um grande desperdício da água, esse precioso recurso vital. O que pode parecer o simples gotejar de uma torneira, por exemplo, chega a representar o desperdício de 46 litros de água por dia.

- Desligue luzes, TVs, rádios e ares-condicionados, sempre que deixar o ambiente. Muitas vezes é possível apagar as luzes enquanto assistimos à TV. Esse não deve ser um costume apenas em períodos de risco de apagão; pode se tornar um hábito familiar frequente. Atualmente, podemos contar com algumas modernidades em iluminação, tais como: *timer*, *dimmer* (controle de intensidade de luz), sensor de presença e projetos desenvolvidos para o aproveitamento máximo de luz natural. Um outro recurso interessante são as lâmpadas de LED, bem mais resistentes do que as incandescentes e fluorescentes. O grande problema delas ainda é o custo muito alto.

- Ao abrir a geladeira, procure tirar dela tudo o que vai precisar, evitando assim o abre-e-fecha, que aumenta o consumo de energia, ainda que a geladeira tenha o selo de baixo consumo. Outra coisa: deixe a geladeira longe do fogão, os dois juntos não casam bem.

- E já que falamos de eletrodomésticos, ao comprá-los, não se esqueça de ficar de olho nos selos Procel (Programa Nacional de Conservação de Energia Elétrica) ou Energy Star, para escolher os mais eficientes e econômicos. A tabela afixada ao eletrodoméstico indica o rendimento e consumo, classificando de A, para os aparelhos mais eficientes, a G, para os que têm pior desempenho.

- O planejamento sustentável da decoração dos ambientes é também outra forte tendência: procure distribuir os móveis nos ambientes de forma que se possa aproveitar ao máximo a luz e ventilação naturais. Reaproveitar cadeiras, sofás, armários, reformando-os, trocando a estampa dos estofados, misturando as cadeiras remanescentes dos jogos diferentes: tudo isso pode ser uma divertida brincadeira, além, é claro, de significar uma evolução de ideias voltadas para o estilo de vida consciente.

- Verifique sempre se os produtos novos que vai comprar trazem o selo de garantia e certificação de que foram produzidos de maneira sustentável. Quando compramos um móvel de madeira ou um simples lápis, por exemplo, temos o direito e o dever de optar pelo produto que traga a informação de que, no lugar da árvore da qual o produto se originou, uma outra foi plantada.

- Leve o menor número possível de embalagens plásticas para casa, prefira produtos *in natura*. Insista nas sacolas reutilizáveis.

- Lâmpadas fluorescentes, além de consumirem, em média, um quinto da energia usada nas comuns (incandescentes), duram muito mais.

- Quando for cozinhar, use sempre que possível a panela de pressão, ou a panela comum tampada para aproveitar mais o calor. E nas panelas comuns, o fogo pode ser mínimo, pois a comida não cozinhará mais rápido em fogo alto, já que a água não ultrapassará os 100°C. Com esse procedimento, faremos uma economia de até 30%.

Uma outra dica com relação à sustentabilidade doméstica é o uso de utensílios práticos, modernos e econômicos que vão do forno/fogão direto à mesa, com a versatilidade de irem também à geladeira e freezer: menos louça para lavar, menos gasto de detergente, água e sabão. É a tendência: panela na mesa é chique! É isso mesmo, indústrias de utensílios, fiquem atentas: já existem no mercado panelas com cabos removíveis, que podem ser tirados na hora de serem levadas à mesa, e tampas plásticas para serem colocadas na geladeira.

Particularmente, acho que esse hábito há de se consolidar em pouco tempo. Basta que o mercado nos ofereça cada vez mais materiais que primem por serem versáteis, tendo qualidade, bom gosto e preços interessantes (já que, infelizmente, não encontramos ainda variedades desses produtos à venda), para que os consumidores sintam-se entusiasmados a adquiri-los, modificando antigos hábitos cotidianos. Para fortalecer essa minha sugestão, peço emprestada a expressão comumente usada pela jornalista e consultora de moda e comportamento, Gloria Kalil: "Acho chique!".

Com criatividade, podemos arrumar a mesa de refeição com o diferencial do modo de vida sustentável. Veja a seguir algumas sugestões:

- Toalhas de mesa ou jogos americanos de material plástico (que, diga-se de passagem, já foram vistos como de gosto duvidoso) são uma opção bem interessante, pois podemos usá-los por várias vezes antes de colocá-los para lavar, apenas higienizando-os com álcool no dia a dia.

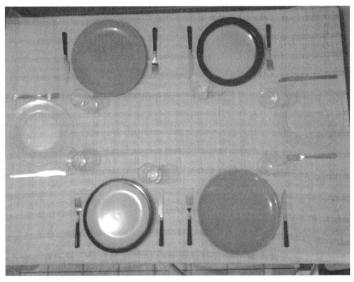

Foto: Clarissa Azevedo.

- Os pratos: dois remanescentes de três jogos diferentes (dois jogos de cerâmica e um de vidro transparente), se combinados, alinhados, não ficam mal, não é mesmo?

- Copos e talheres: o que sobra de jogos de copos e faqueiros pode perfeitamente ter lugar à mesa por mais algum tempo, sendo reaproveitados, reutilizados, se ainda estiverem em perfeito estado.

- Guardanapos descartáveis: para o dia a dia, quanto menores e menos coloridos eles forem, melhor! Menos material a ser descartado, já que não se recicla material sujo, engordurado.

Se formos criativos, poderemos enxergar a mesa como uma parede pronta para receber quadros e, assim, brincar com sua arrumação, driblando a rotina com bom humor e, de quebra, praticando a sustentabilidade doméstica. Que tal?

Quanto às roupas de cama e banho, podemos também aproveitar "sem neura" o que resta dos jogos e misturá-los na arrumação.

- Enquanto estiver ensaboando as louças, lembre-se de fechar a torneira que, quando aberta, não deve estar em jato máximo, o que, além de representar desperdício, faz muito barulho e molha todo o espaço em volta na sua cozinha, aumentando, consequentemente, o seu trabalho.

Os produtos de limpeza biodegradáveis e orgânicos, logicamente, são os mais recomendáveis, não só para lavar as louças, mas para a limpeza em geral. Infelizmente, esses ainda têm um custo muito alto para a maior parte da população no Brasil. Mesmo assim, vale a pena ficarmos de olho nesses produtos para que, tão logo possamos adquiri-los, façamos de seu uso um hábito frequente. Além disso, o melhor é darmos preferência aos sabões ou detergentes com pouco ou nenhum fosfato em sua fórmula (substância responsável pela espuma), pois este favorece a proliferação de algas e plantas nos rios, diminuindo a quantidade de oxigênio para os seres aquáticos. E espuma, normalmente, é sinônimo de poluição.

Algumas substâncias caseiras são uma boa dica para substituirmos o cloro e outros produtos agressivos nas práticas domésticas: vinagre branco diluído em água é muito bom para remover ferrugem, sujeira de banheiros, cheiro de peixe em utensílios, mofo, manchas nos estofados e o que mais nossa criatividade descobrir. Há também o bicarbonato de sódio, que pode ser usado para a sujeira do forno e para a limpeza em geral, já que tem poder fungicida.

Outra boa dica é o uso de luvas para os trabalhos domésticos, poupando assim mãos e unhas, além de garantir maior higiene. Mas não se esqueça de deixar o par de luvas para lavar louças reservado apenas para esse fim. Aproveite para economizar também o tempo: o trabalho disciplinado e organizado permite-nos ganhar tempo para realizar outras atividades. A rapidez e a eficiência na rotina doméstica podem ser revertidas em novos aprendizados.

Lembre-se de outra forte tendência dos nossos dias: incentivar as pessoas para que passem a se interessar um pouco mais por atividades domésticas, tornando-se mais e mais aptas e independentes para os afazeres do lar, já que trabalhadores domésticos fixos estão cada dia mais escassos. Estes trabalhadores estão mudando de profissão, buscando melhores salários, trabalhos menos pesados e maior qualidade de vida – o que já não era sem tempo...

Se estivermos realmente decididos a crescer, a nossa visão de progresso não pode ter limites nem egoísmos; tem de ser de verdade.

Tarefas do lar: uma profissão de futuro

> O Senhor é o meu pastor, nada me faltará.
> Deitar-me faz em verdes pastos,
> guia-me mansamente a águas tranquilas.
> (Salmo 23)

Quando se fala de afazeres do lar, instantaneamente fazemos associação a algo exclusivamente feminino. Para compreendermos melhor a evolução dessa atividade e nos desvincularmos com maior facilidade desse pensamento, faremos uma rápida observação histórica acerca do assunto, que não poderia deixar de passar, é claro, por toda a história do trabalho feminino nessa área. Assim veremos desde os primórdios até os dias em que as mulheres conhecem a necessidade de abrir mão da exclusividade de execução dessas tarefas.

Desde a Idade da Pedra, as mulheres eram quem tratavam dos assuntos domésticos, como organização do espaço, distribuição dos alimentos para os filhos pequenos e cuidados com os parceiros que chegavam em "casa", muitas vezes cheios de ferimentos, oriundos das lutas pela caça. Em algumas pinturas rupestres foi observada uma outra nuance do comportamento feminino, em que figuras humanas aparecem ao lado de leoas ou lobas, cuidadoras de suas crias, que se deixavam "fotografar" todas juntas como se estivessem em uma creche.

Ao longo da história, grandes mulheres se sucederam como destaque na vida doméstica. Muito embora algumas delas tivessem, além das obrigações domésticas, que percorrer, como desbravadoras, caminhos nunca antes percorridos: Cleópatra (suicida-se provavelmente por não suportar a pressão do compromisso de ser líder e mãe ao mesmo tempo); Maria, Mãe de Jesus (cuja vida foi de santidade absoluta); Joana D'Arc (pastora analfabeta que lutou até as últimas circunstâncias por suas convicções); mulheres da Idade Média (camponesas, comerciantes e artesãs que fundaram os primeiros orfanatos para acolher crianças que perdiam pais e mães nas guerras sangrentas. Essas mulheres, pioneiras, deixaram um legado universal da fraternidade sem limite, pois, pobres, muitas vezes viúvas, além dos seus próprios rebentos, abraçavam crianças abandonadas na crueza daqueles dias de pavor).

Será mais especificamente a partir do período da Revolução Industrial que se começam a observar os novos contornos sociais com relação às práticas domésticas. As mulheres, como sabido, partem para o trabalho nas fábricas, pois a grave crise econômica exigia esse complemento para a sobrevivência familiar. Sem suporte em casa, a jornada cotidiana tornou-se alucinante. As creches ainda eram esboços do que seria o mínimo necessário e, assim como as crianças, apenas começavam a engatinhar.

Em virtude desses novos delineamentos sociais, chega-se ao ponto de intersecção de comportamentos feminino e masculino diante da vida doméstica: esse casamento imprescindível teria de se realizar.

E não nos enganemos, essa harmonia doméstica entre marido e mulher/pais e filhos é perseguida incansavelmente pelos núcleos familiares há décadas. Alguns casais, não suportando o desequilíbrio da balança das obrigações diárias, acabam sucumbindo à pressão das exigências.

A verdade é que essas negociações familiares começam a se consolidar nesses tempos de transição. É um aprendizado que está apenas começando. Há alguns núcleos sociais mais avançados; outros, menos, mas todos, mesmo que inconscientemente, lutam pela paz e tranquilidade no lar, através da divisão das tarefas cotidianas.

E esse aprendizado terá de passar, impreterivelmente, pelas lições femininas que fizeram e fazem história: toda a *expertise* de comportamento feminino terá agora de ser aprendida, ainda que para isso tenhamos de voltar aos bancos da vida escolar doméstica. Se quisermos evoluir realmente de maneira irrestrita e livres de preconceitos, teremos todos de aprender a cuidar da casa, dos filhos, da economia doméstica, do relacionamento conjugal, da preocupação social e ambiental, da prevenção de problemas de saúde, da conquista da qualidade de vida.

Resumindo: precisamos buscar a sustentabilidade do ser humano em todos os aspectos, livres das amarras da desinformação. Nossas crianças e jovens devem ser educados também para a vida doméstica, já que é a única via da qual nenhum de nós pode escapar.

Num futuro muito próximo não bastarão diplomas e titulações diversas, se não soubermos assimilar a nova vida humana, que exigirá de todos um olhar atencioso para o modo de vida caseiro, empreendedor, participativo. Ser chique, nos dias de hoje, é também ser econômico, eficaz e independente nas práticas domésticas: tarefas do lar, sim, e com muito orgulho!

E por falar em qualidade de vida, lembre-se de consultar um médico regularmente. Além disso, faça exercícios de alongamento todos os dias, tendo em vista que é ótimo para "desenferrujar" e manter a boa disposição. No *Youtube* há vários vídeos explicando o passo a passo dos exercícios.

Se você não é uma pessoa muito animada para frequentar academias de ginástica, tente ao menos se programar para realizar em casa mesmo alguns exercícios, evitando, assim, uma infinidade de problemas de saúde causados pelo sedentarismo, tão recorrente nos nossos dias.

Recicle-se

Materiais potencialmente recicláveis

> Assim também vós,
> quando fizerdes tudo o que vos for mandado, dizei:
> Somos servos inúteis,
> porque fizemos somente o que devíamos fazer.
> (Lucas 17,10)

Cerca de 30% do lixo produzido no Brasil, por dia, poderia ser encaminhado para reciclagem. Habitue-se, então, a verificar se embalagens a serem descartadas apresentam o símbolo universal da reciclagem e, ainda, outros símbolos informativos. Você e sua família têm cooperado com a separação do lixo doméstico?

Veja, a seguir, alguns materiais que são potencialmente recicláveis:

- Embalagens de plástico e vidro (a qualidade e visual das "camisetas feitas de garrafa plástica" são incríveis!).

- Jornais, revistas, papel e papelões (por falar em papéis, acostume-se a usar os dois lados da folha de papel para escrever e, sempre que for descartá-la, é melhor não amassá-la, pois isso dificulta o trabalho dos recicladores. Para estudantes, a dica é o uso de fichários, pois cadernos acabam por não terem 100% das folhas usadas e, a todo final de ano letivo, o desperdício de papel, em perfeito estado, é lamentável. Além do mais, está mais do que na hora de professores e pais se unirem para, com criatividade, praticarem um artesanato sustentável, montando novos cadernos com as folhas que acabam sobrando no final do ano. Para que isso se torne um costume, será necessário que muitas crianças e jovens se integrem ao projeto, pois assim não haverá constrangimento, que infelizmente ainda detectamos, ao reaproveitarem alguns materiais, mesmo que de maneira charmosa e criativa. Tudo isso é questão de hábito, ou melhor, de mudança de hábito! Ainda com relação a papéis, muito interessante também tem sido o reaproveitamento de papéis de presentes e embrulhos, além da reutilização de envelopes, que tantas vezes são descartados quando sabemos que seria perfeitamente possível o seu reuso. Hoje em dia, para alguns tipos de correspondências mais informais, o uso de envelope pode ser perfeitamente dispensável, sem o risco de gafe. Outra coisa: é preciso pensar bem antes de usar folhas para imprimir algo).

- Latas de óleo, conservas, bebidas, leite em pó (se juntarmos lacres de latinhas de refrigerante suficientes para encher uma garrafa pet, poderemos participar de um projeto incrível que usa esse material para compra de cadeiras de rodas que são doadas a entidades carentes. Verifique se em sua cidade há alguma cooperativa empenhada nessa iniciativa e não deixe de participar).

- Papel alumínio.

- CDs e DVDs.

- Embalagens de produtos de higiene e beleza (procure não se preocupar tanto com beleza e tão pouco com saúde, usando produtos agressivos, como tinturas de cabelo com alta concentração química. Opte por produtos naturais, desenvolvidos a partir de ervas, raízes, flores e frutas).

- Pilhas (uma informação esclarecedora: podemos descartá-las no lixo comum, se forem as produzidas no Brasil, já que, desde 2000, uma resolução do Conselho Nacional do Meio Ambiente estabeleceu que a sua produção deveria, a partir dessa data, apresentar uma quantidade mínima, quase nula, de metais pesados. O problema é que, quando se compra pilhas de origem duvidosa, acaba-se também descartando no meio ambiente material tóxico altamente poluente. De qualquer forma, se puder, leve as pilhas e baterias usadas para os postos de coleta). Carregadores de pilhas domésticos são uma boa opção: podemos recarregá-las várias vezes até precisar realmente descartá-las.

• Pneus (podem ser triturados e reciclados para servir de matéria-prima para asfalto, mangueiras e sapatos). Quanto à calibragem dos pneus, é melhor que seja feita a cada quinze dias, para aumentar-lhes a vida útil. E não apenas duas vezes por ano, como faz a maioria dos brasileiros.

Tome cuidado ao jogar materiais cortantes no lixo! Procure embalá-los antes, em várias camadas de jornal, assegurando-se de que não causarão danos ao serem manuseados.

Agora, veja os materiais que normalmente *não devem ser encaminhados para reciclagem* (exceto, é claro, quando o fabricante informa, de maneira impressa, a possibilidade de reciclagem ou reaproveitamento, através de símbolos específicos, o que tem acontecido cada vez mais. Então, para não errarmos, é bom que nos habituemos a esmiuçar informações sobre as embalagens e os produtos, aprendendo a pesquisar sua origem e a legitimidade de seu certificado. Ficaremos aptos a descobrir, por meio dessas observações, por exemplo, que selos podem esconder estratégias de marketing, através da famosa "maquiagem verde"):

- Qualquer material sujo (papel higiênico) ou com resíduos de alimentos (caixas de pizza engorduradas), exceto os rolos de papel e as tampas de caixas que se conservarem limpas. O que podemos fazer com o lixo de banheiro ou da pia da cozinha para evitar o uso de sacolas plásticas é acondicioná-lo diretamente no cesto plástico (que pode ser lavado e desinfetado regularmente), e, depois, aconselha-se despejar todo o lixo orgânico ou não reciclável em um "único" saco plástico reciclável maior, apropriado para lixo. Não é nada correto ficar usando uma infinidade de sacolas plásticas todos os dias. Agora, se você ainda está se adaptando a esse modo de agir, o que pode fazer, se realmente não conseguir ficar sem o saquinho descartável no cesto de banheiro, é acondicionar o lixo em um "saquinho" feito com folhas de jornal, tipo uma dobradura, que poderá ser encaixado no cesto plástico (no Youtube encontramos vários vídeos ensinando o passo a passo para confeccionar esse "saquinho para lixo de banheiro feito com jornal"). Mas tente se livrar o quanto antes desse hábito, pois o papel-jornal, por causa da tinta, pode ser um material bem poluente, apesar de ser menos prejudicial ao meio ambiente do que a sacola plástica. O jornal é também alvo de controvérsias, mais exatamente por causa da tinta usada na impressão. O bom mesmo é encaminhá-lo à reciclagem e fazer o máximo para se evitar que ele vá parar em aterros ou lixões. E por falar em resíduos e dejetos, é bom lembrar que as fezes de nossos estimados animaizinhos não são adubo, não devendo, portanto, serem enterradas, tampouco largadas em saquinhos de plástico ou jornal no chão ou na rua, mas destinadas ao vaso sanitário e depois, ganhando a rede de esgoto, poderão ser devidamente tratadas junto com os dejetos humanos (é claro que para isso é necessário que o esgoto seja tratado). Agora, se o animal de estimação for um gato, as fezes que ficam na areia só poderão ir para o vaso sanitário se a areia for do tipo biodegradável; do contrário, se a areia for do tipo argila, acabará, com o tempo, por causar entupimentos no encanamento. E se esse vaso for usado também pelas pessoas da casa, lembre-se de lavá-lo bem com um produto desinfetante diariamente.

- Etiquetas adesivas, fita crepe e fita adesiva.
- Embalagens metalizadas, como as de salgadinhos e biscoitos.
- Papel de fax, celofane e fotografias.
- Porcelana e materiais de cerâmica.
- Tubos de imagem de TV.
- Lâmpadas incandescentes, fluorescentes e aparelhos eletrônicos em geral. Quanto às lâmpadas fluorescentes, que contêm vidro e metal, e são compostas de fósforo e mercúrio, sabemos que, enquanto intactas, não oferecem risco ao meio ambiente nem ao ser humano; mas, se rompidas, liberam o mercúrio em forma de vapor, podendo contaminar o ambiente e o organismo humano através dos pulmões, pois, quando inalado, o mercúrio tende a provocar tremor, sonolência, náusea, delírios e até danos ao sistema nervoso. Então, a melhor coisa a fazer é embalá-las em várias camadas de

jornal (já que rompidas também se transformam em material cortante), quando formos descartá-las, pois, daí em diante, não teremos nenhuma garantia de que haverá cuidados específicos com esses materiais. E a verdade é que não temos mesmo garantias com relação ao destino de nenhum dos materiais que descartamos, mas o que cabe a nós, de qualquer forma, é estabelecer hábitos que garantam um mínimo de segurança para as pessoas que irão manusear os materiais recolhidos.

- Cabos de panelas.
- Espuma e esponjas de cozinha.
- Isopor. Mesmo que exista tecnologia para sua reciclagem, na maioria das vezes ela não é feita. Uma atitude ambientalmente correta é evitar ao máximo comprar produtos em bandejas de isopor, dando preferência, por exemplo, a frutas, legumes e verduras vendidos soltos.
- Madeira. Apesar de ser material orgânico, ela não pode ser reciclada. (Fique atento e, quando for comprar um móvel, não deixe de conferir se foi feito com madeira certificada ou de reflorestamento.) Outra coisa muito atual é reformar móveis antigos usando a criatividade

ou adquirir, dando um toque pessoal, se for o caso, móveis usados e "peças de demolição".

• Lixo orgânico: você sabia que através da compostagem é possível reciclar esse lixo e que essa é uma técnica milenar, praticada pelos chineses há mais de cinco mil anos? Através de um processo biológico, micro-organismos transformam restos de comida, folhas, estrume e papel em um material chamado composto, que pode ser utilizado como adubo.

Moda sustentável: para quem quer estar na moda, mas com a consciência tranquila

Você sabia que para confeccionar um casaco de chinchila (o mais cobiçado do mundo pelas "madames") na altura do joelho é preciso abater duzentas chinchilas; para um de *vison*, sessenta visons; e um de dálmatas, cento e um dálmatas?!

E mais, sabia que são os chineses que garantem a alta no mercado de peles, consumindo 95% da produção, já que os ricos europeus e americanos, diante da crise, "sacrificam--se" comprando menos?!

Pessoalmente, concordo com o senhor Fábio Paiva, da ONG Holocausto Animal, que disse o seguinte ao jornal *O Estado de S.Paulo*:[1]

> Usar casaco de pele animal em pleno século XXI, com o tanto de tecnologia que temos disponível para a criação de tecidos sintéticos, é uma atitude imoral. Essa conversa de que os animais criados em cativeiro para esse fim não sofrem é balela. Animais não são propriedade do ser humano. Apropriar-se indevidamente deles e matá-los já é sinônimo de sofrimento. Não importa se é indolor ou não, morte é morte. E matar bicho para preencher sei lá que tipo de vazio existencial de alguém não é coisa que se faça.

Sem falar nas pulseiras de marfim! Podem até ser realmente lindíssimas, mas usá-las hoje em dia fica totalmente sem sentido, ainda que tenham sido adquiridas nos tempos em que as pessoas eram totalmente leigas sobre assuntos sustentáveis.

Já existem no Brasil algumas lojas "verdes", cujos artigos oferecidos são produzidos e comercializados obedecendo

---

[1] *O Estado de S.Paulo*, Caderno Aliás, São Paulo, p. 8, 16 jan. 2011.

aos princípios da sustentabilidade. Mas mesmo quem não é consumidor dessas lojas, pode ficar atento:

- Quanto a couros e peles, prefira os sintéticos. Peles naturais, nem pensar!
- Quanto a fibras e tintas, se puder, opte por roupas, calçados e acessórios confeccionados com fibras e tinturas ecologicamente corretas (corantes naturais, como urucum e índigo).

Saiba que repetir roupas, calçados e acessórios, ao contrário do que pensávamos até pouco tempo, pode ser muito chique. Isso é sinal de que se é consciente e não um consumista alienado, além disso, como bem nos lembra o consultor de moda Gustavo Sarti, ninguém precisa gastar muito para se vestir bem. Podemos ser criativos e variar peças que já temos e que ainda estão novas. Às vezes, temos roupas em ótimo estado e as deixamos de lado por estarem com alguma manchinha inconveniente. Uma dica que costuma funcionar para tirar manchas do dia a dia é pingar umas gotinhas de detergente sobre a mancha seca e, em seguida, lavá-la normalmente. Depois que a peça estiver seca, podemos colocar um pouco de farinha de trigo sobre a mancha, se ela ainda persistir. Daí, é só aguardar uns minutos e escová-la com uma escova macia para roupas (que, aliás, é acessório indispensável em qualquer armário). Já as manchas causadas por ferrugem podem ser retiradas com produtos tira-ferrugem que encontramos facilmente no comércio. Um outro problema com roupas, e que faz com que as abandonemos quando ainda poderiam ser usadas, acontece quando peças escuras ficam esbranquiçadas. Para que isso não aconteça, lave-as sempre separadamente das coloridas e brancas.

Por falar em roupas brancas, que podem ficar encardidas com o tempo, fazendo com que as deixemos de lado, também essas devem ser lavadas separadamente e, quando for o caso, podemos lançar mão de algum eficaz branqueador ou tira-manchas em pó, o que geralmente funciona melhor do que alvejantes líquidos que podem, eventualmente, amarelar o tecido. Apenas cuidado para não deixar roupas de molho nesses alvejantes em pó expostas ao sol, pois tal combinação pode causar manchas irreversíveis (leia sempre as instruções de uso dos produtos para se evitar qualquer tipo de aborrecimento posterior).

Você sabia que as bolinhas que aparecem nas peças de lã podem ser retiradas, cuidadosamente, com um aparelho de barbear descartável? Vale a pena tentar recuperar algumas roupas de nosso armário. Uma boa dica para manter traças longe das roupas é usar casca de limão seca ou espalhar cravos dentro dos armários. E, para lavar roupas delicadas na máquina de lavar, podemos usar os saquinhos apropriados para conservação das roupas durante a lavagem. Então, o que acha?! Conservar e recuperar roupas que já temos fica muito mais econômico, é claro, do que comprar novas.

Um guarda-roupa entulhado de peças (principalmente se não são nem serão mais usadas, nem tem um significado de relíquia para preservação da memória familiar) só vai demonstrar o apego extremo a coisas materiais. Então, deixe as suas roupas respirarem. Doe tudo o que não lhe for mais necessário. Até o seu visual vai ficar mais leve, pode acreditar!

É interessante citar aqui, a título de curiosidade, uma tendência bem atual com relação ao uso de roupas, acessórios e sapatos dos seguintes estilos: uma legítima peça *vintage*, por exemplo, precisa ter sido feita entre os anos 1920 e começo dos 1990. E é aqui que podemos encaixar a história da preservação da memória familiar citada antes:

aproveitar uma peça de ótima qualidade que foi usada por nossos pais ou avós é muito chique.

Já uma peça de estilo *retrô* é confeccionada nos dias de hoje, mas com uma releitura da moda de outras épocas: o que também não deixa de ter seu charme, apesar de não ser legítima.

Praticar a sustentabilidade *fashion* é algo que muitos de nós já fazemos há muito tempo, sempre que reformamos uma roupa, compramos uma peça de brechó ou customizamos uma calça jeans, uma camiseta, uma bolsa, em vez de comprar uma roupa *fast fashion*, ou ainda quando cuidamos adequadamente da conservação das roupas, garantindo-lhes maior durabilidade.

A indústria da moda movimenta milhões, mas uma parte dela polui muito também. Além disso, volta e meia são detectados gravíssimos problemas como, por exemplo, o uso de matéria-prima de baixa qualidade, a falta de responsabilidade social e de direitos trabalhistas. Existe ainda o horror que paira sobre algumas oficinas de costura, as quais mantêm trabalhadores em situação de semiescravidão (muitas vezes, os operários são imigrantes, vindos da Bolívia ou do Peru, em busca de melhores condições de vida e que acabam enredados para uma vida de torturas, vivendo em condições de miséria e absolutamente explorados, enquanto os proprietários das confecções ou indústrias ficam com os lucros extraordinários, advindos da exploração humana).

Infelizmente, essas ações criminosas apenas ocasionalmente ganham visibilidade nacional em noticiários, e a população acaba não ficando plenamente informada do que acontece. Por conta dessa informação insuficiente, não deixa de consumir os produtos das indústrias ou lojas que praticam tais barbáries, garantindo, assim, a regeneração desse tipo de crime.

A escravidão infelizmente ainda acontece em muitos lugares do mundo e as empresas criminosas se utilizam atualmente do álibi da terceirização das atividades produtivas e se livram das responsabilidades pela prática do trabalho forçado, transferindo-as para o terceirizado. É, isso existe sim no mundo em que vivemos: "escravidão com etiqueta".[2]

---

[2] José de Souza Martins, sociólogo e professor emérito da USP, é autor de *Uma arqueologia da memória social* (Ateliê Editorial, 2001). *O Estado de S.Paulo*, Caderno Aliás, São Paulo, p. 5, 21 ago. 2011.

Novas regras de etiqueta: a saga continua

Ao colocar roupas para lavar, espere ter a maior quantidade possível de roupas sujas para usar a carga máxima na máquina de lavar, economizando água, energia, sabão, amaciante e, inclusive, a própria roupa. Quando a roupa estiver muito suja, a opção mais acertada é deixá-la de molho, antes de ligar a máquina, pois a função de pré-lavagem desperdiça energia. Procure também evitar fazer dois ou mais enxágues. Verifique se não é possível diminuir a quantidade de sabão usado (muitas pessoas já têm substituído, ao menos em parte, sabão e amaciante pelas "eco laundry balls" – são bolinhas emborrachadas usadas na máquina de lavar, fazendo economia e gerando menos poluição nas águas) para, consequentemente, conseguir que a roupa fique mais bem enxaguada com uma quantidade menor de água. E lembre-se de dar uma olhadinha nas etiquetas das roupas, pois elas trazem, normalmente, através de símbolos, as informações necessárias sobre como devemos lavá-las e passá-las para garantir maior durabilidade das peças.

Veja, a seguir, uma tabela para orientar na interpretação dos símbolos que aparecem nas etiquetas das roupas.

A simbologia usada para orientar a forma de lavar, passar e secar produtos têxteis ainda é pouco conhecida, por isso a Fundação Procon (Órgão de Proteção e Defesa do Consumidor) elaborou um material explicativo para auxiliar os consumidores. Para saber mais a respeito, acesse o site: <www.procon.sp.gov.br>.

Ainda quanto a sabões em pó, detergentes, amaciantes e outros produtos de limpeza e higiene, muitas vezes eles podem ser diluídos antes do uso, sem alterar o resultado final. Além disso, o vinagre branco potencializa o efeito dos sabões em pó e amaciantes. Muito embora os fabricantes garantam que se os produtos forem diluídos não apresentarão a mesma eficácia, vale a pena tentar. Insista sempre na economia!

Outra dica: o forte odor de amaciantes e produtos de limpeza nas roupas ou ambientes não é muito elegante. E se forem em toalhas de mesa, guardanapos e jogos americanos, o perfume exalado do tecido deve ser discretíssimo, quase que inexistente, para não contrastar ou mesmo alterar o paladar na hora da refeição.

É importante não colocar roupas que ainda estão limpas e perfumadas para lavar. Só cuide para não colocá-las (as usadas) de volta ao armário ou às gavetas, junto às limpas. Deixe as usadas em lugar ventilado, de preferência, até voltar a usá-las. Agora, se você trabalha em um hospital, clínica médica, dentária ou de fisioterapia, por exemplo, suas roupas devem ser lavadas com maior frequência. Por falar nisso, os jalecos não são feitos para desfilar pelas ruas, mas para protegerem sua roupa e garantirem salubridade em seu local de trabalho. Então, procure mantê-los limpos e desencardidos e guarde-os devidamente protegidos para serem usados nos momentos adequados, pois, conforme matéria do jornal *O Estado de S.Paulo*,[3] o uso de jalecos fora do local de trabalho está proibido em São Paulo, podendo acarretar multa. A vestimenta transmite bactérias e seu uso em restaurantes pode causar contaminação.

Ainda com relação a ambientes hospitalares, há um outro comportamento bastante deselegante de alguns profissionais dessa área, quando mesmo fora dos seus locais de trabalho continuam "a desfilar" com seus estetoscópios pendurados no pescoço. Quanto descuido!

Hoje em dia, sabemos também que não é mais necessário passar todas as roupas (de cama, de banho, além daquelas que vestimos em casa e das que são de tecidos que não amassam). Dessa forma, podemos garantir a higienização usando algum desinfetante apropriado para tecidos e, ainda, colocar peças para secar penduradas em cabides de plástico, pois, assim, amassam menos. Mas, com relação a roupas de banho e de cama de hotéis (ou as que disponibilizamos para os nossos hóspedes em casa), por exemplo, é melhor que estejam devidamente lavadas, desinfetadas e passadas (e em alguns casos, as toalhas de banho e rosto

---

[3] *O Estado de S.Paulo*, Caderno Aliás/Coluna Semáforo, São Paulo, p. 2, 12 jun. 2011.

embaladas por plásticos). O que podemos fazer para colaborar é tratar de usar o máximo possível a toalha de banho antes de colocá-la para lavar. Para tanto, deixe-a secando ao sol ou em lugar ventilado, nunca fechada na umidade do banheiro, para não colaborar com a "sustentabilidade das bactérias nocivas à saúde".

Em alguns países, o hábito de passar roupas pessoais, principalmente jeans e malhas, foi abolido há muito tempo. Quanto às roupas de bebês e aos panos de pratos (é aconselhável que estes sejam guardados em sacos plásticos depois de passados), é melhor não usá-los sem passar, já que, nesses casos, todo cuidado e precaução são sempre bem-vindos. Seria melhor ainda tentar passar essas roupas fora dos horários de pico (durante a semana, antes das 18h e depois das 21h, e aos sábados à tarde ou aos domingos). É bom lembrar também que o ferro elétrico na função vapor consome bem mais energia.

Uma situação insustentável é a exigência do uso de ternos em dias de calor para trabalhadores que desenvolvem atividades ao ar livre, debaixo de sol. Seguir padrões internacionais de vestimenta do tipo "MIB – Homens de Preto", em um país tropical como o nosso, é, sem dúvida, uma falta de bom senso. Uma camisa de mangas curtas com uma gravata discreta já seria o suficiente.

Um outro assunto importante é a educação sustentável na escola, que depende de iniciativas que façam a diferença e não apenas de dados e estatísticas que nunca sairão do papel. Então, professores, vamos lá: que tal elaborarmos projetos e cartilhas para educar e reeducar nossas crianças?! E não só elas, pois é muito importante que todos, professores, pais e alunos, tenham frequentemente a oportunidade de se reciclarem e trocarem informações sobre os mais variados assuntos, colocando cada dia mais os temas transversais como imprescindíveis ao nosso aprimoramento cultural e sustentável e fazendo valer toda a profundidade e beleza do conceito da palavra "transdisciplinaridade" (usada pela primeira vez em 1970 por um de nossos grandes mestres: Piaget[4]).

Segundo o pesquisador Rocha Filho,[5] professor da Faculdade de Física da Pontifícia Universidade Católica do Rio Grande do Sul,

---

[4] Sir Jean William Fritz Piaget (1896-1980) foi um psicólogo e educador suíço que desenvolveu importantes estudos sobre a criança. É considerado um dos mais importantes pensadores do século XX.

[5] ROCHA FILHO, João Bernardes. O que é transdisciplinaridade? *Wikipedia*, 2007.

a transdisciplinaridade é uma abordagem científica que visa à unidade do conhecimento. Desta forma, procura estimular uma nova compreensão da realidade articulando elementos que passam entre, além e através das disciplinas, numa busca de compreensão da complexidade. Além disso, do ponto de vista humano, a transdisciplinaridade é uma atitude empática de abertura ao outro e seu conhecimento.

Sabemos que os temas transversais são, sem sombra de dúvidas, os mais vinculados ao nosso cotidiano, seja de maneira individual ou coletiva. Então, nunca é demais lembrá-los:

- Ética
- Meio ambiente
- Orientação sexual
- Pluralidade cultural
- Trabalho e consumo
- Saúde

Você sabia que...

> Uma árvore lhes basta para o necessário da vida;
> com as folhas se cobrem, com o fruto se sustentam,
> com os ramos se armam, com o tronco se abrigam
> e sobre a casca navegam.
> (*Padre Antônio Vieira*, sobre os povos indígenas)[6]

- Os seis *erres* para evitar o desperdício são: Repensar/Reduzir/Reaproveitar/Reciclar/Recusar/Respeitar a biodiversidade?

- 70% dos balões caem em chamas?

- É possível reciclar óleo de cozinha usado, reaproveitando-o para fabricar sabão, por exemplo? E que cada litro de óleo de cozinha usado descartado em rios e lagos (ou se o esgoto não é tratado) pode contaminar 1 milhão de litros de água?

- Os detergentes não biodegradáveis não são tóxicos? O que acontece é que destroem as bactérias que provocam a decomposição da matéria orgânica, fundamental em qualquer ambiente.

---

[6] Inscrição na parede de uma das salas do Museu Nacional da Quinta da Boa Vista, no Rio de Janeiro, em janeiro de 2012.

- No Brasil, menos de 44% das residências possuem coleta de esgoto, e que, da porcentagem que é recolhida, menos de um terço é tratado e que 13 milhões de brasileiros não têm banheiro?

- Se realmente não for possível entregar remédios ou cosméticos vencidos em postos de coleta, o que devemos fazer é jogá-los no lixo e não no esgoto (pias, ralos)? As substâncias ativas desses produtos podem contaminar a água e os peixes.

- Existe diferença entre efeito estufa e aquecimento global? O efeito estufa é um fenômeno atmosférico natural em que os gases da atmosfera funcionam como anteparo, deixando passar a luz solar para seu interior, mas aprisionando o calor. Sem esse processo seria impossível a vida na Terra, já que a temperatura média seria 33°C menor. Já o aquecimento global, causado pelas atividades humanas, é o agravamento desse processo natural, segundo Carlos Nobre, climatologista e conselheiro do Movimento Planeta Sustentável.[7]

---

[7] Revista *Nova Escola*, São Paulo, n. 216, pp. 94-5, out. de 2008.

- O aquecimento global – aumento da temperatura média na superfície da Terra – leva a transformações climáticas, causando fortes impactos na vida do nosso planeta?

- A queima de combustíveis fósseis (como o petróleo, o carvão e o gás natural) emite grande quantidade de dióxido de carbono na atmosfera, aumentando consequentemente o efeito estufa?

- O derramamento de petróleo e a lavagem de tanques dos navios formam uma película impermeabilizante que não permite a troca de oxigênio e de gás carbônico entre a água e a atmosfera? Isso provoca a asfixia dos animais, impedindo a realização da fotossíntese pelos vegetais do plâncton.

- Em agosto de 2010, no Brasil, foi sancionada a Lei n. 12.305, sobre os resíduos sólidos, determinando o manejo adequado do lixo? E que, em dezembro do mesmo ano, a Amazônia registrou, entre agosto de 2009 e julho de 2010, a menor taxa de desmatamento desde 1988 (conforme o INPE – Instituto Nacional de

Pesquisas Espaciais[8] –, orgão que realiza esse monitoramento)? Que belas notícias! Sinal de que coisas boas acontecem, sim, e não podemos desanimar nunca.

- A "onda verde" (sincronização de semáforos) é implantada em algumas cidades para ajudar a desafogar o trânsito, sendo mais uma alternativa para melhorar a vida dos motoristas? Em uma pista livre, um modelo popular 1.0 é capaz de rodar uma distância quase 40% maior com um tanque de combustível do que na hora do *rush*.

- Não devemos deixar o tanque de combustível na reserva? Quando isso acontece, o espaço livre favorece a evaporação do combustível. Então, o mais aconselhável é abastecer com maior frequência e estacionar na sombra, de preferência, para diminuir a evaporação.

- Na estrada, é melhor manter os vidros do carro fechados? O atrito aerodinâmico causado pelos vidros abertos aumenta o consumo de combustível. Compensa manter o ar-condicionado ligado em velocidades superiores a 70 km/h.

---

[8] <www.inpe.br>.

- As indústrias gastam, em média, 100 litros de água para produzir um quilo de açúcar e 8.500 litros para produzir um quilo de algodão para confeccionar roupas?

- A água usada na descarga somada à usada no banho pode representar 50% da conta de uma residência tradicional? A atitude de trocar a velha descarga e o chuveiro gastador pode fazer a conta de água despencar.

- Uma pessoa consome, em média, cinco mil litros de água por ano? Isso equivale a meia piscina olímpica.

- O secador de cabelo gasta dez vezes mais energia que a chapinha? Infelizmente, a moda dos cabelos secos naturalmente sofre resistências diversas... O que é uma pena!

- Existem tinturas de roupas que aproveitam a borra do café, criando um estilo original e de bom gosto? Isso sim é *fashion:* um luxo! E por falar em café, que tal usarmos mais vezes o coador descartável para café? Para isso basta higienizá-lo com água fervente antes do reuso ou, melhor ainda, substituir o descartável pelo filtro permanente, que coa uma média de quinhentos cafés. Pense nisso! É uma diferença muito grande!

- Retalhos de tecidos das indústrias de confecções podem virar desde fios para produzir novos tecidos até fibras aproveitadas por outras indústrias, para fazer forração para carros, por exemplo?

- O escambo de moda (trocar roupas, calçados e acessórios usados) é um jeito divertido e econômico de renovar o visual? Essa redução de consumo é uma mudança de hábito muito saudável e dá até para fazer um pé-de-meia com o que se economiza. E é claro que os artigos a serem trocados devem estar em perfeito estado: limpos, sem manchas nem remendos.

Essa moda começou nos Estados Unidos e espalhou-se mundo afora. No Brasil, já temos reuniões informais, onde acontecem os "escambos de moda". Muitos encontros contam até com a presença de consultores da área, orientando os participantes nas escolhas. Mas a ideia de doação de roupas, agasalhos, calçados, acessórios, brinquedos, utensílios etc., para instituições de caridade ou pessoas carentes, não deverá nunca deixar de ser a forma mais fraternal de se criar o hábito do desapego. Essa ideia é confirmada pela jornalista e consultora de etiqueta, Cláudia Matarazzo, em seu livro *Etiqueta sem frescura:*[9] "Existe uma prática que sempre deve ser lembrada na hora de acrescentarmos qualquer peça em nosso guarda-roupa, e que vale para homens e mulheres. Cada vez que trazemos alguma roupa nova para casa, devemos retirar a mesma quantidade de peças que estamos guardando" (p. 16). Estenderia essa sugestão a todos os outros artigos de uso pessoal ou familiar citados antes.

- O Brasil é o líder mundial em reciclagem de embalagens de agrotóxicos?

- Segundo a Organização das Nações Unidas (ONU), o Brasil é o país que mais descarta computadores pessoais *per capita* – 0,5 kg por habitante? Segundo o Cedir[10] (Centro de Descarte e Reuso de Resíduos de Informática da USP), o trabalho de desmontagem e reaproveitamento por aqui ainda é pouco conhecido.

- Existe uma máquina chamada *decopiadora* que faz o inverso da *copiadora*? A folha entra cheia de letras na

---

[9] MATARAZZO, Cláudia. *Etiqueta sem frescura*. São Paulo: Melhoramentos, 2004.

[10] <www.cedir.usp.br/>.

máquina e sai limpa. O processo pode ser repetido até cinco vezes! Já pensou que economia de papel?!

• Uma ecovila é uma comunidade urbana ou rural de pessoas que têm um estilo de vida sustentável, buscando, entre outras evoluções socioambientais, viver um sistema integral e preventivo de saúde? E por falar em sistema preventivo, não podemos esquecer que a educação alimentar é uma das principais maneiras de se prevenir problemas de saúde. Com relação a isso, os alimentos orgânicos são altamente recomendáveis! Veja que interessante o trecho que se segue, referindo-se a hábitos alimentares, retirado do livro *A etiqueta no antigo regime*, de Renato Janine Ribeiro:[11]

> A carne é o grande alimento da nobreza. Sem dúvida isto se prende à caracterização do nobre como guerreiro: na repartição da sociedade feudal entre os que rezam, os que combatem, os que trabalham (ou lavram), a nobreza hereditária justifica-se pelo ofício das armas. A caça é prolongamento da guerra ou treino para esta: está ligada à conquista, na figura bíblica de Nemrod; por isso, é ocupação limitada aos nobres, proibida aos plebeus. Grandes

---

[11] RIBEIRO, Renato Janine. *A etiqueta no antigo regime*. São Paulo: Moderna, 1999. p. 10.

quantidades de carne, de todos os tipos – gado ou caça –, compõem a refeição aristocrática. Numa corte alemã já do século XVII, calcula-se que cada pessoa consumisse em média um quilo de carne por dia, sem contar a caça de pequeno porte, as aves e peixes. O fenômeno é europeu: também na Inglaterra os nobres se reservam a carne – também excluem o leite, bebida de crianças e os legumes, comida de pobre –, sofrendo por isso de falta de vitaminas A e D e, com frequência, de gota e pedra na vesícula. Pequeno consolo para os pobres, privados de carne, é que consomem legumes e por isso a gota não os afeta.

A apresentação da carne à mesa é também característica: o animal é servido inteiro; é um privilégio cortá-lo, o que cabe ao anfitrião, ao convidado de mais prestígio ou a alguém a quem se deseje honrar. Tarefa que, pela sua importância, ainda no século XVII merece comparar-se à caça, esgrima ou dança, três das principais ocupações do nobre.

Já que estamos falando de alimentação à base de carne, mais uma dica: para evitar desperdício, toda vez que for servir pratos preparados com carne vermelha a pessoas de paladares variados, como numa festa, por exemplo, sirva a carne sempre ao ponto, para evitar-se o constrangimento das pessoas que não têm o hábito de ingeri-la malpassada. Deixemos as carnes cruas para os apreciadores da culinária oriental (peixes e frutos do mar *in natura* ou mesmo quibe cru). Lembrando que os ingredientes para esses pratos à base de carnes cruas devem sempre ser selecionados em estabelecimentos de higiene garantida, para escapar de eventuais contaminações.

- O uso de papel reciclado ou ecoeficiente tem vantagens, mas infelizmente desvantagens também? O principal empecilho ambiental, segundo pesquisas, ao papel reciclado é fazer o destintamento (retirar resíduos nocivos devidamente) antes de encaminhá-lo para a efetiva reciclagem. Além disso, muitas vezes a retirada da matéria virgem da natureza e o posterior reflorestamento podem significar um processo bem mais interessante, menos poluente e mais sustentável. E quanto às virtudes, a principal delas é o próprio ato de reciclar que, por si só, é capaz de gerar significativa mudança cultural na sociedade. Há, ainda, o fato de se produzir um volume menor de resíduos jogados nos lixões e aterros sanitários. E, por fim, o aspecto concreto da evolução social: as famílias que participam das cooperativas de catadores têm sua renda toda gerada a partir da reciclagem.

- Trazemos da rua uma grande quantidade de impurezas nas solas de nossos calçados? Em vista disso, os povos orientais, que não circulam pelos ambientes internos da casa com calçados de rua, estão mais do que certos. Os calçados usados dentro de casa devem ficar restritos a esse ambiente. *Arigatô! Sayonara!*

- É cada vez maior o número de companhias instaladas no país que adota uma tecnologia chamada "telepresença", reunindo funcionários, fornecedores e mesmo clientes a milhares de quilômetros de distância? Há, assim, uma considerável economia no número de viagens internacionais ou mesmo uma opção interessante para evitar-se o deslocamento de um bairro para o outro. Além das reuniões se tornarem mais objetivas e produtivas, não há espaço para atrasos nem gastos com os famosos almoços-reunião. O diretor de tecnologia para América Latina do JPMorgan, Antônio Nehme, elogia a excelência da imagem e do som nas salas de telepresença: "Depois de cinco minutos de telepresença, você esquece que o interlocutor está apenas virtualmente ali. É possível captar com detalhes as expressões faciais das pessoas. Com o sistema, a quantidade de negócios tem aumentado".[12]

- Têm acontecido festas com conceito e consciência? E, dividindo espaço com atrações musicais, essas festas apresentam: exposição de projetos socioambientais; doação de lixo reciclável para ONGs; coleta seletiva de lixo e microlixo; entrega gratuita de canecas; acesso, estacionamento e espaço elevado para cadeirantes; copos biodegradáveis; incentivo ao transporte coletivo; estacionamento cobrado inversamente (proporcional ao número de pessoas no carro); geradores a biodiesel; decoração com material reutilizado e entrega de *ecobags* na saída do evento.

- Aquela sigla que encontramos em algumas embalagens, como nas de leite, por exemplo, FSC (Forest Sterwardship Council – Conselho de Manejo Florestal), trata-se de uma organização independente, não governamental, com sede em Bonn, na Alemanha? Foi criada no início de 1990 e, sem fins lucrativos, tem o intuito de contribuir para a promoção do manejo

---

[12] *Folha de S.Paulo*, Caderno Mercado, São Paulo, p. 4, 26 dez. 2010.

florestal ao redor do mundo, garantindo a produção do papel a partir de fontes responsáveis.

- Conforme a Wikipédia, a Agenda 21 é um plano de ação para ser adotado global, nacional e localmente, por organizações do sistema das Nações Unidas, governos e pela sociedade civil, em todas as áreas em que a ação humana impacta o meio ambiente?

- Sucata de aço e ferro é considerada matéria-prima importantíssima? Podem ser reaproveitados de pregos a restos de navio. Esse reaproveitamento reduz a emissão de dióxido de carbono e o consumo de recursos como água e energia.

- Quando se recicla uma pilha de jornal de um metro de altura, salva-se a vida de uma árvore?

- Existe diferença entre lixo e resíduo? Lixo é o último estágio de um produto; enquanto resíduo se refere ao que é reaproveitável.

- Aterros sanitários são diferentes de lixões? Aterros são espaços preparados para receber lixo ou resíduos domésticos, comerciais, de serviços de saúde, da indústria da construção ou dejetos sólidos retirados de esgotos; enquanto os lixões servem também para disposição final desses materiais, mas ocupam espaços que não oferecem nenhuma preparação do solo para esse fim.

- Chorume é um líquido escuro, de odor forte e com alto potencial de contaminação que escorre do lixo? Existe um importante processo de tratamento do chorume para evitar que alcance e contamine lençóis freáticos, córregos e rios.

- Há também o necrochorume, isto é, o líquido produzido pela decomposição de cadáveres? Este líquido é composto de cadaverina, uma amina ($C_5 H_{14} N_2$) de odor repulsivo.

- Conforme a Revista *Veja*,[13] existe um novo processo de cremação que é considerado sustentável por dissolver o corpo numa solução química em três horas? Restam apenas os ossos, que são triturados num pó fino. O fluido que fica desse processo, cerca de mil litros, pode ser filtrado e reaproveitado na irrigação de jardins, por exemplo. Essa técnica já era empregada para

---

[13] Revista *Veja*, São Paulo, 29 fev. 2012.

decompor animais e cadáveres usados em pesquisas, e mais recentemente começou a ser utilizada com seres humanos nos Estados Unidos. O processo é considerado sustentável por consumir apenas 15% do gás usado na cremação tradicional a calor e por ainda reduzir em 35% a emissão de dióxido de carbono e 30% de outros gases, que contribuem para o efeito estufa. Muitas pessoas decidem ser "verdes" até mesmo com relação à derradeira oportunidade de escolha!

- O Jornal Hoje[14] noticiou o primeiro julgamento digital do Brasil? Aconteceu em Campo Grande (MS), com uma economia de mais de 2.000 folhas de papel!

- Usina virtual é aquela que gera energia a partir da economia doméstica dos recursos naturais?

---

[14] TV Globo (Jornal Hoje), 2 set. 2011.

Cá entre nós...

> Palavra puxa palavra, uma ideia traz outra,
> e assim se faz um livro, um governo,
> ou uma revolução,
> alguns dizem que assim é que
> a natureza compôs suas espécies.
> (*Machado de Assis*)[15]

Cada dia que passa, acredito que realmente é possível mudar de ideia. Só não muda de ideia quem não as têm. Não seria diferente no mundo do comportamento, que é também tão dinâmico. Acredito sinceramente nessa tendência de evoluir e reciclar, não necessariamente nessa ordem. Concordo com o renomado cirurgião plástico Ivo Pitanguy, em seu comentário de quarta capa n'*O livro completo de etiqueta de Amy Vanderbilt*:[16] "a verdade é que a etiqueta, como a nossa própria evolução, tornou situações menos confortáveis em situações mais confortáveis, o que representa a verdadeira maturidade do bom conviver".

---

[15] ASSIS, Machado. *Obra completa*. Rio de Janeiro: Nova Aguilar, 1998.

[16] TUCKERMAN, Nency; DUNNAN, Nancy. *O livro completo de etiqueta de Amy Vanderbilt*. Rio de Janeiro: Nova Fronteira, 2000.

E essa evolução certamente não cessa, está sempre marcada pelo movimento.

Há alguns meses, assistindo a um programa de TV, vi um professor de etiqueta ensinando alunos a se portarem diante de uma mesa cheia de taças, todos os talheres para lá e para cá, *sousplat* e o famigerado serviço à francesa (o garçom se aproxima com a travessa pela esquerda para que cada comensal se sirva sozinho). Movimentos familiares para mim, que tantas vezes tenho ensinado a meus alunos todas as regras, a sequência do uso das taças, talheres, guardanapos etc., etc.

Mas, naquele dia, percebi que temos seguido um padrão francês de comportamento totalmente decadente, fora de moda, ultrapassado.

É claro que não há problema algum em aprender a se portar adequadamente para o caso de vir a se deparar com o tal serviço à francesa ou mesmo à inglesa (um pouco menos desconfortável, porque o garçom é que, ao se aproximar do comensal pela esquerda, serve o prato). No entanto, talvez fosse melhor deixarmos a representação de corte francesa do século XVII para as solenidades diplomáticas ou para aqueles que pretendem colocar seus convidados numa saia justa, servindo-lhes pratos que talvez não apreciem, apenas porque a etiqueta manda. E eles terão que comer sorridentes e, de preferência, usando a parafernália toda sobre a mesa, que, diga-se de passagem, é só muito mais louça para ser lavada no final... Nada disso aconteceria se passássemos a optar pelo bufê americano (mesmo para eventos mais formais), em que o comensal serve ou é servido somente daquilo que escolhe, na quantidade que deseja e vai conseguir consumir. E, se for necessário, ele pode repetir, pois é melhor do que deixar sobras, não é mesmo?

Agora, sejamos sinceros, existe algo mais desagradável do que ser convidado para um almoço ou jantar, para o qual nos dirigimos não a fim de desfrutar momentos agradáveis e descontraídos ao lado de pessoas interessantes, mas para passar por um teste de comportamento "socialmente requintado" e manipulação de "instrumentos cirúrgicos"? E mais, ter que degustar um cardápio que agrada, muitas vezes, somente ao exclusivo gosto do esnobe anfitrião, que não se preocupou em nenhum momento com os convidados, desejando só apresentar sua nova porcelana, seu faqueiro de herança de família, seus cristais da Boêmia?

Nós, brasileiros, precisamos largar mão de pensar que chique é só o que é importado. Precisamos valorizar nosso jeito próprio, nossa descontração, nossa camaradagem e *expertise* em "anfitrionagem". Afinal de contas, não é em busca disso tudo que tantos estrangeiros vêm para o nosso país, esperando encontrar o caloroso e genuíno anfitrião brasileiro que não virou as costas nem perdeu de vista todo o aprendizado recebido de tantos povos que aqui chegaram? Não há problema em aproveitar as lições, as expressões, a etiqueta, a moda, a culinária, a música de outros países, apenas acredito que exista uma necessidade inadiável de aliarmos a tudo isso um pouco mais de atitude nacional, verde e amarela.

Podemos ter os nossos próprios códigos de boas maneiras à brasileira, basta querermos. Carisma, criatividade, respeito às outras culturas e inteligência para fazer essa mistura, nós temos de sobra!

Nos dias de hoje, ser chique é...

> Menos é mais!
> E o Papa Francisco, simplesmente Francisco,
> o Sustentável, com sua exemplar humildade,
> tem muito o que nos ensinar!
>
> (*A Autora*)

- Não desanimar diante da luta diária pela sustentabilidade do nosso planeta.

- Não admitir a ideia de que, para praticar a sustentabilidade, tem-se de abrir mão de todos os confortos da vida moderna.

- Ter o bom senso de não cruzar os braços enquanto o mundo sufoca.

- Pesquisar, discutir, opinar e sugerir alternativas sobre problemas cotidianos socioambientais. Podemos usar a internet para pesquisar, por exemplo, os centros de reciclagem dos diversos materiais.

- Levar a menor quantidade possível de sacolas plásticas para casa.

- Usar sacolas reutilizáveis ou *ecobags*: isso é muito chique! Entretanto, como carregam alimentos, devem ser lavadas regularmente para evitar contaminação. E as de algodão podem ser lavadas em máquina de lavar roupas, facilitando o trabalho, além de ocuparem menos espaço, cabendo num cantinho do porta-malas ou dentro de bolsas. Assim, o risco de esquecê-las, quando sairmos às compras, será menor.

- Não criticar aqueles que já se integraram de corpo e alma ao processo de vida sustentável. Faça melhor: imite-os!

- Pedir ao garçom no restaurante que embale para viagem o que restou da refeição, evitando assim que o alimento seja desperdiçado.

- Não dar descarga todas as vezes que fizer xixi (principalmente mulheres e crianças). E manter tampas de vaso sanitário sempre fechadas, para também se evitar a dengue.

- Fazer xixi durante o banho (essa dica serve para todos!).

- Praticar a carona solidária e sustentável, usar coletivos e bicicletas e se integrar ao sistema de rodízio de placas.

- Ir caminhando para a escola, trabalho, compras...

- Habituar-se a tomar banho mais rápido.

- Assistir à TV com as luzes apagadas. Conforme o oftalmologista Claudio Lottenberg,[17] não há nenhuma comprovação científica de que esse hábito cause danos aos olhos. E lembre-se de desligar a TV antes de cair no sono.

- Colar restos de sabonete e aproveitar até a última dose do xampu, do condicionador, da pasta de dente...

- Procurar adquirir o máximo possível de produtos em refil. Evitar os aerossóis.

- Interpretar com bom humor a tendência de que "panela na mesa é chique!" e, com criatividade, aderir a essa nova onda. E por falar nisso, não é aconselhável, ao servir ou ao limpar a louça antes de lavar, bater os talheres nas beiradas de panelas e outros utensílios para retirar o alimento que restou. Isso irá desgastá-los muito mais rápido, além, é claro, de ser um gesto de pouca elegância. Use a mão para dar as batidinhas do talher e amortecer o movimento, poupando, assim, os

---

[17] Revista *Veja*, São Paulo, ed. 2.262, p. 139, 28 mar. 2012.

seus utensílios e conservando-os com bom aspecto por muito mais tempo.

- Ser eficiente, econômico e independente nos afazeres domésticos.

- Evitar ao máximo lavar quintais e calçadas. Basta varrê-los!

- Praticar artesanato sustentável montando, por exemplo, novos cadernos para estudantes com as folhas limpas que sobraram dos anos anteriores.

- Reaproveitar papéis de presentes e embrulhos, assim como envelopes.

- Esmiuçar informações sobre embalagens e produtos.

- Embalar as malas com plástico-filme para reforçar a segurança e evitar que sujem ou estraguem no turbilhão das esteiras dos aeroportos ou bagageiros de ônibus. Não se esquecer de levar o rolo de plástico-filme para repetir o procedimento para a viagem de retorno ou para recolocá-lo, no caso de a fiscalização resolver vistoriar sua bagagem antes do embarque.

- Reformar roupas e móveis usados.

- Optar por serviços de *bikeboys*, alternando com os *motoboys*, sempre que for possível.

- Não levar o cão à praia, já que, definitivamente, fezes de cachorro podem contaminar solo e água.

- No trabalho, abolir copos descartáveis para funcionários: cada um pode ter o seu próprio copo, caneca ou *squeeze* (guardando-o consigo, se preferir). Verificar a possibilidade de oferecer aos clientes, por exemplo, o biocopo, que é feito de papel certificado e suporta tanto bebidas geladas como quentes.

- Usar, sem constrangimento, celulares, *notebooks* e outros eletroeletrônicos de modelos antigos, mas que estão funcionando perfeitamente. E entender a importância de se dar destino certo ao velho (às vezes nem tão velho assim!) aparelho de TV ou computador, já que 50% dos eletroeletrônicos são compostos de plástico e ferro, insumos largamente aproveitáveis. O chumbo pode voltar à ativa como matéria-prima e o vidro das telas gera cerâmica vitrificada, empregada em pisos.

- Não considerar um automóvel "mais chique" só porque é movido a óleo diesel (combustível altamente poluente). Evitar trocar um carro em ótimo estado de conservação, apenas para adquirir um novo modelo.

- Dirigir acompanhando os padrões de economia ao volante.

- Repetir roupas, calçados e acessórios, usando-os até que precisem ser mesmo renovados.

- Usar as roupas até que elas precisem realmente ser lavadas.

- Trocar roupas e livros usados, sem abandonar, é claro, o chiquíssimo hábito de frequentemente doar esses e outros artigos.

- Sempre que for tossir ou espirrar, proteger a boca com a mão "esquerda", já que é com a mão direita que cumprimentamos. E somos nós os responsáveis pela sustentabilidade de nosso meio de um modo geral e irrestrito.

- Fazer sempre uso de álcool em gel nas mãos. Ter um recipiente com esse produto antisséptico à disposição em bolsas e mochilas é um luxo! Um vírus pode permanecer em nossas mãos por até trinta minutos e em recipientes, como pias de água benta, por até sete horas.

- Entender que somente o exercício constante de boas maneiras levará à superação de muitos problemas, criando em cada um de nós o hábito cotidiano de SER SUSTENTÁVEL.

Em tempo

Sustentabilidade: uma utopia[18] possível!
(*Alexandre Gama*,[19] publicitário)

Vamos pensar juntos em algumas soluções? Acho válido, ainda que algumas coisas pareçam inviáveis ou até meio "sem noção", como podem dizer os mais acostumados com o mundo interminável de conforto e com as "leis do menor esforço". Só pensando e repensando alternativas, chegaremos a transformações reais, pois, até mesmo nossas ideias devem ser constantemente autossustentadas, e o combustível ideal para isso é, sem dúvida, a nossa criatividade.

---

[18] Conforme o *Dicionário Aurélio da Língua Portuguesa*: "Utopia é um país imaginário, criação de Thomas Morus (1480-1535), escritor inglês, onde um governo organizado da melhor maneira proporciona ótimas condições de vida a um povo equilibrado e feliz".

[19] Programa "De Frente com Gabi" (SBT), 1º fev. 2012.

Será que não está na hora de retrocedermos um pouco, como consumidores, ao tempo das quitandas e empórios, dos leiteiros, padeiros e verdureiros que entregavam os produtos, trocando vasilhames de vidro, entregando produtos *in natura*, sem excesso de embalagens plásticas? Além disso, para transportar as mercadorias, os entregadores de outrora utilizavam apenas as boas e velhas bicicletas ou os carrinhos movidos com a utilização de força física, recebendo por esse esforço merecidas gorjetas.

Não creio que seja impossível voltarmos a esses tempos; pelo contrário, vejo, em certos retrocessos, soluções bem viáveis. Parciais, é claro, mas significativas. Outra sugestão a ser avaliada (e aqui certamente vou comprar uma briga com os vendedores de garrafões de água!) é a de considerarmos a ideia de voltar a usar os velhos e bons filtros de água caseiros, já que a diferença do custo de energia e de água encanada com relação ao da água em garrafas ou garrafões, considerando-se disponibilidade, manipulação e transporte, é de 1 para 1.000. Ah! Lembre-se de beber muita água: o líquido mais saudável que há!

Que tal repensarmos também o hábito de fazer convites para formaturas, casamentos, aniversários etc.? Por enquanto, o considerado chique é entregar esses convites impressos aos convidados, em mãos, mas seria extremamente mais interessante e consciente, sem deixar de ser bem educado, enviá-los por e-mail (sendo que o impresso seria entregue apenas para as pessoas que não possuíssem endereço eletrônico). Não deixaria de ser elegante, bastando que continuássemos a obedecer aos prazos mínimos para se fazer o convite e que solicitássemos à pessoa convidada que nos retornasse, confirmando o recebimento do convite, para não haver o risco de desencontros.

Talvez tenha chegado, enfim, também o momento de admitirmos nossa total dependência em relação às pessoas que trabalham no que já foi chamado de subprofissão: garis, coletores de papel, lixo e resíduos, cooperados de galpões de reciclados, trabalhadores domésticos de variadas categorias.

Hoje sabemos que, não fossem muitos desses profissionais realizando seus importantíssimos trabalhos, já estaríamos feito ilhas, cercados de lixo por todos os lados. Então, é necessário reavaliarmos constantemente: as condições de trabalho desses profissionais, as leis de proteção e garantia de seus direitos, auxílios diversos. Não é mais possível que tantas pessoas ainda passem por esses dignos e imprescindíveis irmãos trabalhadores, sem se atentarem para a suma importância de suas atividades.

É primordial que cobremos dos governantes um comprometimento com os projetos sustentáveis, pois também não é possível que depois das populações mobilizadas e envolvidas nos processos, não se tenha, por exemplo, um serviço público que garanta a reciclagem ou o reaproveitamento dos materiais separados em âmbito doméstico. De trabalhos e sacrifícios para "inglês ver", nós não precisamos mais.

Depois de a China transformar o mundo num imenso camelódromo, cabe a todos nós buscar desconstruir a alucinante associação que ainda é feita (e sabe-se lá até quando) entre felicidade e consumo. No Brasil, a alta da classe média é fato comprovado e, aos afoitos consumidores de primeira viagem, caberá o dever de reinventar o universo de atitudes e práticas nesses tempos de transição.

No mais, a todos os cidadãos resta a dificílima, mas não impossível, missão de assumir responsabilidades que recebemos como legado.

Conforme o jornal *O Estado de S.Paulo*,[20] a cidade chinesa de Guiyu é considerada a capital mundial do lixo eletrônico (maior aterro de e-lixo), sendo que o processo de reciclagem naquele país é ainda artesanal, altamente arcaico e poluente; mas, ainda assim, recebe lixo eletrônico dos EUA, da Europa, Canadá, Japão e de países emergentes, entre eles, o Brasil. A verdade é que estamos mesmo todos conectados. E, enquanto não houver união real e efetiva entre os seres humanos – independentemente da camada econômica e sociocultural a que pertençam – para proteger o planeta, é provável que não consigamos passar de meros terráqueos desavisados e irresponsáveis, vivendo o dia de hoje e nada mais!

---

[20] *O Estado de S.Paulo*, Caderno Vida, São Paulo, p. 30, 9 out. 2011.

Bibliografia

AZEVEDO, Elisa Bechuate. *Etiqueta cotidiana*. Ribeirão Preto: Memorial Alexandre Azevedo, 2008.

FOLHA DE S.PAULO, São Paulo, Caderno Especial Ambiente, p. 5, 5 jun. 2011.

_____ , São Paulo, Caderno Mercado, p. 4, 26 dez. 2010.

LIMA-E-SILVA, Pedro Paulo de; GUERRA, Antônio José Teixeira; MOUSINHO, Patrícia (org.). *Dicionário Brasileiro de Ciências Ambientais*. Rio de Janeiro: Thex Editora, 1999.

MATARAZZO, Cláudia. *Etiqueta sem frescura*. São Paulo: Melhoramentos, 2004.

O ESTADO DE S.PAULO, São Paulo, Caderno Cidades, p. 2, 7 out. 2012.

_____, Caderno Aliás, p. 5, 21 ago. 2011.

_____, Caderno Aliás, p. 8, 16 jan. 2011.

_____, Caderno Aliás/Coluna Semáforo, p. 2, 12 jun. 2011.

_____, Caderno Vida, p. 30, 9 out. 2011.

PLASTIVIDA. Disponível em: <www.plastivida.org.br>.

RECYCLE LIFE. Disponível em: <www.recyclelife.com.>.

REVISTA NOVA ESCOLA, São Paulo, Ano XXIII, n. 216, pp. 94-95, out. 2008.

REVISTA SUSTENTABILIDADE. Disponível em: <www.revis-tasustentabilidade.com.br>.

REVISTA VEJA, São Paulo, 29 fev. 2012.

_____, São Paulo, 28 mar. 2012.

RIBEIRO, Renato Janine. *A etiqueta no antigo regime*. São Paulo: Moderna, 1999.

ROCHA FILHO, João Bernardes. O que é transdisciplinaridade? *Wikipédia*, 2007.

ROSA, Guimarães. *Grande sertão: veredas*. São Paulo: Círculo do Livro, 1984

TUCKERMAN, Nancy; DUNNAN, Nancy. *O livro completo de etiqueta de Amy Vanderbilt*. Rio de Janeiro: Nova Fronteira, 2000.

Sites

<www.akatu.org.br>.

<www.inpe.br>.

<www.procon.sp.gov.br>.

Impresso na gráfica da
Pia Sociedade Filhas de São Paulo
Via Raposo Tavares, km 19,145
05577-300 - São Paulo, SP - Brasil - 2017